# NCS 직업기초능력평가

e~Test

2010
Professionals
PowerPoint 파워 포인트

한솔아카데미
H/A/N/S/O/L/A/C/A/D/E/M/Y

# 성대근

- · 한국교육평가진흥원 대표
- · 부산대학교 연구원
- · 원광대학교 자문위원
- · 우석대학교 자문위원
- · Microsoft CorporaTion(MCT)
- · NCS 기업활용 컨설팅 전문가 2기
- · (사)한국창의인성교육연구원 대구/경북 센터장
- · 바로연평생교육원 원장

*e~Test professionals*
## 파워포인트 2010

**초판1쇄발행** 2017년 3월 13일
**2차개정발행** 2020년 1월 23일

**발행처** (주)한솔아카데미
**지은이** 성대근
**발행인** 이종권

**홈페이지** www.bestbook.co.kr
**대표전화** 02)575-6144
**등록** 1998년 2월 19일(제16-1608호)

**ISBN** 979-11-5656-811-7 13000
**정가** 13,000원

이 도서의 국립중앙도서관 출판시도서목록(CIP)은 서지정보유통지원시스템 홈페이지
(http://seoji.nl.go.kr)와 국가자료공동목록시스템(http://www.nl.go.kr/kolisnet)에서 이용
하실 수 있습니다. (CIP제어번호 : CIP2019034609)

# 머/리/말

사회 환경이 급격히 변화하는 시대에 발맞추어 국가에서 필수적으로 요구하는 국가직무능력표준(National Competency Standards)을 바탕으로 직무에 갖추어야 할 능력을 평가하는 시험입니다. 그러므로 e-Test는 전공과는 관련 없이 직업기초능력 분야로서 공통으로 갖추어야 할 필수 과목입니다.

e-Test는 IT e-Business 관련 지식에서부터 정보 분석, 활용까지 정보화 사회에서 요구되는 정보 활용능력을 종합적으로 측정하는 인터넷기반의 정보 활용 실무 능력 평가시험을 말하며 e-Test Professionals은 정보기술 동향, 정보보안, 정보윤리 및 정보통신과 관련된 지식뿐만 아니라 워드프로세서, 엑셀, 파워포인트 툴 및 인터넷 정보검색 등 정보화 사회에 필요한 정보소양을 종합적으로 측정할 수 있는 컴퓨터 및 정보 활용 능력 평가시험입니다.

저자는 20여년의 강의와 실무경력을 바탕으로 그동안 출제되었던 문제를 분석 및 예상문제를 파악 및 연구를 하여 좀 더 체계적이고 쉽게 수험생들에 다가 갈 수 있는 교재를 만들기 위해 강의에 필요한 정보를 수집하고, 여러 동료 선생님들의 의견을 모아 문제점을 파악하고 개선하여 현재 취준생들 및 수험생 여러분들에게 더 많은 합격의 성취감 및 합격의 영광을 드리고자 미력한 힘이지만 본 교재를 발간하게 되었습니다.

본 교재 핵심사항을 다음과 같이 정리를 했습니다.

> ① e-Test 공식지정 교재로 국가에서 필수적으로 요구하는 국가직무능력표준(National Competency Standards)를 활용할 수 있는 교재입니다.
> ② e-Test는 실무에 필요한 완성된 결과물을 가지고 평가하는 시험으로 전공과는 관련 없이 NCS 직업기초능력 분야로서 공통으로 갖추어야 할 필수 과목입니다.
> ③ 다년간의 강의 및 실무경력을 바탕으로 연구한 출제 문항으로 100% 실전에 대비할 수 있도록 내용을 구성하였습니다.

본 교재가 나오기까지 용기와 많은 도움을 주신 한국인재교육평가원 서용재 원장님, 서법권 이사님, 한솔아카데미 대표님 및 임직원 등 여러 도움을 주신 여러분께 진심으로 머리 숙여 감사드립니다.

그동안 저 때문에 고생하시고 최근까지도 속 썩여드린 일 너무 많아 죄송한 부모님께 고마움과 감사한 마음을 전하고 싶습니다.

앞으로 더 좋은 교재가 될 수 있도록 여러분의 아낌없는 격려를 부탁드립니다.
마지막으로 본 교재를 선택하시는 모든 분들에게 합격의 영광이 함께 하기를 진심으로 기원합니다.
감사합니다.

저자 드림

# NCS 기반 설명

본 교재는 국가에서 필수적으로 요구한 국가직무능력표준(NCS)을 활용할 수 있는 교재입니다.

# NCS란?

국가직무능력표준입니다.

국가직무능력표준(NCS, National Competency Standards)은 산업현장에서 요구되는 지식·기술·소양 등의 내용을 국가가 산업부문별·수준별로 체계화한 것으로, 산업현장의 직무를 성공적으로 수행하기 위해 필요한 능력(지식/기술/태도)을 국가적 차원에서 표준화한 것을 의미합니다.

직무와 연관되지 않은 불필요한 정보(ex:토익,수료증)보다는 직무에 필요한 자격증, 지식, 전공, 능력 등을 평가하여 채용이 이루어집니다.

NCS를 통해 그 평가하는 기준이나 방법을 국가에서 체계적으로 표준화시킨 것이라고 볼 수 있습니다. 각 직무별로 필요한 직업기초능력(인성소양), 직무수행능력(특정전공)을 정하고 그 능력에 맞는 기준으로 취업하는 것입니다.

예전에는 학력, 자격증, 전공에 비중을 많이 뒀지만 현재는 그 해당직무에 대한 평가를 보고 있습니다. 현재 공기업을 중심으로 대기업까지 NCS를 도입하고 있는 상황이므로 공공기관 및 기업에 취업하려면 NCS를 준비하셔야 합니다.

따라서 국가공인 자격증 e-Test는 직업기초능력 분야로서 공통으로 갖추어야 할 필수 과목입니다.

> 직업기초능력 : 공통으로 갖추어야 할 능력.
> 직무수행능력 : 그 분야 특정 전공 능력.

# e-Test란

## 1 e-Test란?

초등학교부터 대학생 및 일반, 기업체 임직원을 대상으로 필수적으로 요구되는 정보활용능력을
종합적으로 측정하는 인터넷 기반의 실무능력 평가시험입니다.

## 2 e-Test혜택

학점인정, 대학졸업인증, 기업채용시 우대, 임직원승진시 가점 등 국가공인자격 e-Test는
대학과 기업의 지식정보화 문화 정착을 위한 최고의 파트너로 자리매김하고 있습니다.

### ① 국가 공인 자격

· 대한민국 정부가 인정하는 '국가공인자격'임(2001년 1월 국가공인취득)
· 국가로부터 자격기본법 제19조 제5항에 의거 자격의 관리, 운영기관으로 공인됨

### ② 학점 인증 자격

· 학점인정 등에 관한 법률 시행령 제11조 별표2호에 의거 당해 자격취득 및 자격취득에 필요한
  교육과정 이수에 대하여 대학 및 전문대학에서 부여하는 학점에 상응하는 학점을 인정하는 제도
· 자격 취득시 1급 : 6학점, 2급 : 4학점 부여
· 근거 : 학점 인정 등에 관한 법률 제7조 제2항 제4조, 시행령 제11조 별표2호
  (※학점인정 여부 : 학교별 학사 운영기준에 따라 상이하므로 해당 학교 학사 운영과 문의 필요)

### ③ 대학 졸업 인증 자격

· 성균관대, 이화여대, 중앙대 등 여러 대학에 졸업인증자격제도 채택
· 성균관대학교의 경우는 입학 전 취득한 e-Test자격을 인정해 줄 뿐만 아니라 학교 내 대비과정이
  운영되고 있으며, 성적 우수자에 대하여 장학금을 수여하고 있음
  (※학점인정 여부 : 학교별 학사 운영기준에 따라 상이하므로 해당 학교 학사 운영과 문의 필요)

### ④ 군 간부(장교, 부사관) 선발시험

· 자격 취득 시 군 특기적성병(기술행정병)으로 분류

### ⑤ 공무원 승진에 따른 가산점 부여

· 삼성그룹, POSCO, KT, 농협중앙회, 대한지적공사 등 유수기업과 기관의 임직원 정보활용능력평가
  자격으로 운영

# 교/재/설/명

## ? e-Test란?

(사)한국창의인성연구원에서 주관하는 인터넷 기반의 컴퓨터 및 정보활용능력 평가 시험입니다.
e-Test는 검정접수, 응시부터 결과확인까지 시험의 전 과정을 100% 인터넷으로 구현한
국가공인 자격입니다.

기존의 IT자격과 달리 각각의 과목(한글,엑셀,파워포인트)을 통합한 과제 해결형 문제와
인터넷 활용능력, 직업기초능력 관련 문제가 대폭 보강되었습니다.

## 저자와 함께하는 e-Test 강의

이런 분들은 'e-Test' 저자에게 문의하세요. (yokomo7@hanmail.net)

> 1. 교재로 독학하시다가 궁금증이 나시는 분.
> 2. e-Test자격시험 합격을 위해 공부를 시작하시는 분.
> 3. 온라인 상에서 추가적인 학습을 하고자 하시는 분.
> 4. 기출문제와 실전테스트를 위한 다양한 문제를 원하시는 분.

## 1 실전 시험 테스트를 합니다.

e-Test 시험은 100%로 온라인으로 시험이 진행되므로, *http://www.e-test.co.kr* 사이트에서
실전 모의 테스트를 반드시 실행 후 시험볼 수 있도록 준비합니다.

## 2 결과를 평가하는 시험입니다.

타시험처럼 과정을 평가하는 시험이 아니라 e-Test는 실무에 필요한 완성된 결과물을 가지고
평가하는 시험입니다.
즉, 단축키, 도구 등 빠르고 편한 방법으로 시험을 풀어갈 수 있도록 연습을 하여야 합니다.
프로그램(메뉴) 등 전체를 외우려고 하지 말고 빠르고 정확한 단축키, 도구만 연습합니다.
(e-Test는 실무에 많은 도움이 됩니다)

**3** 국가에서 필수적으로 요구한
국가직무능력표준(NCS)을 활용할 수 있는 교재입니다.

2015년부터 e-Test가 NCS기반으로 활용을 하고 있어 본 교재를 선택하여 시험을 응시하면 합격에
더 쉽게 다가갈 수 있다는 장점이 있습니다.


**4** 시험문제 포인트를 체크합니다.

시험문제에 가까운 기출문제를 수록하여 실전에 강한 내용으로 만들었습니다.
각 출제 문항을 연구하여 실전에 100% 시험 대비를 할 수 있습니다.
본 교재를 통하여 e-Test 기본 개념을 이해하고 실무에 활용을 할 수 있습니다.


**5** 한솔 홈페이지를 이용합니다.

본 교재를 최대한 활용하기 위해서는 관련문제를 홈페이지 자료실을 통하여 문제를 다운받은 후
설치해야 본 교재에 있는 문제를 풀 수가 있습니다. 답안파일도 수록되어있어 답안확인을 할 수
있습니다.

**소스파일 제공 | *www.bestbook.co.kr* (자료실 → 도서자료 참조)**

기타 문의사항은 Q&A 게시판을 활용하기 바랍니다.
한방에 합격하는 그 순간까지 여러분과 함께 정보를 공유하는 커뮤니티 공간입니다.

· 저자 이메일 | yokomo7@hanmail.net
· 교재 담당 이메일 | css1558@naver.com

# 출제기준 안내

## 1 자격별 평가과목

| 자격종류 | 과목명 | 평가내용 | 시험기간 | 응시료 |
|---|---|---|---|---|
| e-Test Professionals | 워드 | 실기 : 워드 | 각 50분 | 각 24,000원<br>(통합 72,000원) |
| | 엑셀 | 실기 : 엑셀 | | |
| | 파워포인트 | 실기 : 파워포인트 | | |

1) e-Test professionals는 각 과목별 실기시험(워드, 엑셀, 파워포인트)으로 구성되어 있어, 실무적인 정보활용능력을 평가할 수 있습니다.

2) 각 과목을 한번에 응시하고자 하는 분들은 e-Test Professionals 통합시험을 신청하시면 됩니다.

3) e-Test Professionals 활용 OA : MS-office 2007 / 2010, 아래한글 2007 / 2010

## 2 취득점수에 따라 자격증 부여

1) e-Test Professionals

| 자격종류 | 1급 | 2급 | 3급 | 4급 |
|---|---|---|---|---|
| e-Test Professionals 워드 | 400~360점 | 359~320점 | 319~280점 | 279~240점 |
| e-Test Professionals 엑셀 | 300~270점 | 269~240점 | 239~210점 | 209~180점 |
| e-Test Professionals 파워포인트 | 300~270점 | 269~240점 | 239~210점 | 209~180점 |

2) e-Test Professionals MASTERS

| 자격종류 | 1급 | 2급 | 3급 | 4급 |
|---|---|---|---|---|
| e-Test Professionals MASTERS | 1000~920점 | 919~820점 | 819~720점 | 719~600점 |

3) e-Test professionals워드/엑셀/파워포인트는 각각 국가공인자격입니다.
  -자격증 발급시에는 취득한 자격이 하나의 자격증에 모두 기재됩니다.

4) e-Test professionals MASTERS 자격은 1년 내 취득한 e-Test Professionals 워드/엑셀/파워포인트 자격 중 과목별 최고점을 자동합산하여 등급을 부여하는 민간자격증입니다.

# 과목별 출제기준

## ※ 출제기준

| 평가항목 | | 세부 내용 | 배점 |
|---|---|---|---|
| 디자인 서식<br>지정과 마스터<br>편집하기 | 1) | **디자인 서식 적용** | 5점 |
| | 2) | **슬라이드 마스터 작성**<br>· 마스터 사용, 위치 지정, 응시자명 입력<br>· 글꼴, 글꼴크기 지정 | 11점 |
| | 3) | **슬라이드 번호 삽입**<br>· 글꼴크기, 위치, 시작 번호 및 번호 자동 추가 지정 | 14점 |
| 슬라이드<br>작성하기 | 1) | **슬라이드1**<br>· 슬라이드 구성 지정<br>· 제목 : 워드아트 사용, 내용 입력, 글꼴, 글꼴크기, 워드아트 크기 지정<br>· 소제목 : 검색 내용 입력, URL 하이퍼링크 지정, 글꼴, 글꼴크기 지정 | 27점 |
| | 2) | **슬라이드2**<br>· 슬라이드 추가, 슬라이드 구성 지정<br>· 제목 : 내용 입력, 글꼴, 글꼴크기 지정<br>· 본문 : 내용 입력, 글꼴, 글꼴크기, 글꼴효과 지정<br>· 수준 나누기 지정 · 글머리 기호, 크기 지정<br>· 줄 간격 지정<br>· 이미지 삽입, 위치 지정, 크기 지정 | 52점 |
| | 3) | **슬라이드3**<br>· 슬라이드 추가, 슬라이드 구성 지정<br>· 제목 : 내용 입력, 글꼴, 글꼴크기 지정<br>· 표 작성: 셀 병합, 셀 맞춤, 채우기, 테두리선 지정 | 38점 |
| | 4) | **슬라이드4**<br>· 슬라이드 추가, 슬라이드 구성 지정<br>· 도형 작성 : 도형/선/화살표 작성, 두께/질감 표시, 내용 입력, 배열, 그룹 지정<br>· 슬라이드 배경 지정 | 69점 |
| | 5) | **슬라이드5**<br>· 제목 : 내용 입력, 글꼴, 글꼴크기 지정<br>· 도형 작성: 크기 지정, 질감 표시, 3차원 서식 지정, 도형 대칭, 그룹 지정<br>· 프로그램 실행 : 실행 설정 지정<br>· 슬라이드 숨기기 지정 | 27점 |
| 슬라이드 쇼<br>관련 기능<br>지정하기 | 1) | **화면전환 지정**<br>· 효과, 시간, 자동 전환 지정 | 8점 |
| | 2) | **애니메이션 지정**<br>· 개체, 효과 지정 | 10점 |
| | 3) | **쇼 재구성 작성**<br>· 재구성 작성, 이름 입력, 재구성된 슬라이드 번호 지정 | 23점 |
| 슬라이드 노트와<br>유인물 마스터<br>편집하기 | 1) | **슬라이드 노트 작성**<br>· 슬라이드 번호 지정 및 내용 입력<br>· 글꼴, 글꼴크기 지정<br>· 배경색 지정 | 9점 |
| | 2) | **유인물 마스터 작성**<br>· 유인물 마스터에서 레이아웃 만들기<br>· 도형 작성, 질감 표시, 내용 입력<br>· 글꼴, 글꼴크기, 글꼴 효과 지정 | 15점 |
| **총 점** | | | **300점** |

# NCS 기반 *e-Test* 자격증 과정

**1** 능력표준 분류

| 대분류 | 중분류 | 소분류 | 세분류 |
|---|---|---|---|
| 02. 경영회계사무 | 02. 총무인사 | 03. 일반사무 | 02. 사무행정(주) |
| 02. 경영회계사무 | 02. 총무인사 | 03. 일반사무 | 01. 비서 |
| 02. 경영회계사무 | 02. 총무인사 | 01. 총무 | 01. 총무 |

## *e-Test* 자격증 활용범위

- ·사무자동화 관리운용
- ·사무행정 업무관리
- ·문서작성
- ·경영진 지원업무
- ·경영환경 동향분석
- ·경영진 일정관리
- ·총무문서관리
- ·비품관리
- ·행사지원 관리

**2** 과정운영계획서

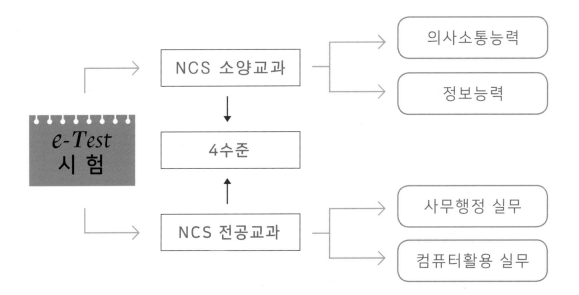

# 국가직무표준(NCS) 홈페이지 안내

※NCS 홈페이지 안내 | http://www.ncs.go.kr

# 목 차

PART 01

# 시험유형
# 익히기

# 01 디자인 서식 지정하기

**학습유형** ① 파워포인트 2010 프로그램 실행 ② 문서 저장 ③ 디자인 테마 지정

【 보　　기】

제목을 입력하십시오

부제목을 입력하십시오

【처리사항】

■ **디자인 서식 지정과 마스터 편집하기  배점 1번(5)**

1. 전체 슬라이드의 디자인 테마는 모든 슬라이드에 '광장'을 적용하시오.

## 1 파워포인트 2010 프로그램 실행하기

01 작업 표시줄의 [시작] 단추를 클릭한 후 [모든 프로그램] – [Microsoft Office] – [Microsoft PowerPoint 2010]을 클릭합니다.

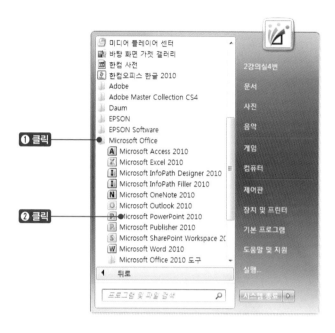

02 파워포인트 2010 프로그램이 실행됩니다.

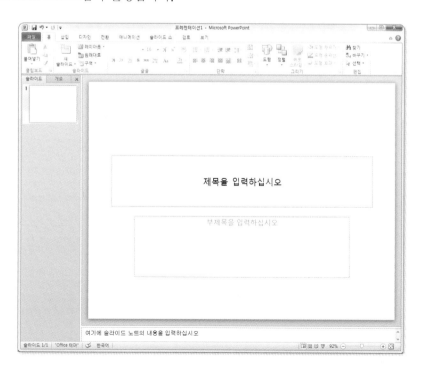

## 2 문서 저장하기

01 [파일] – [저장] 메뉴를 클릭합니다.

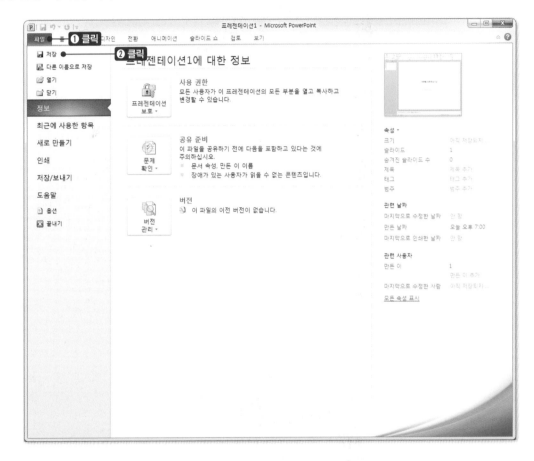

02 [다른 이름으로 저장] 대화상자가 나타나면 저장 위치를 바탕화면으로 지정한 후 파일 이름을 응시자 이름으로 입력한 후 [저장] 단추를 클릭합니다.

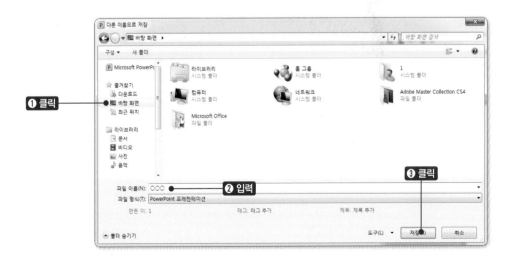

## ③ 디자인 테마 지정하기

**○1** [디자인] 탭 – [테마] 그룹에서 ▼ [자세히] 단추를 클릭합니다.

**○2** 테마 목록이 나타나면 '광장'을 클릭합니다.

**○3** 다음과 같이 슬라이드에 광장 테마가 적용됩니다.

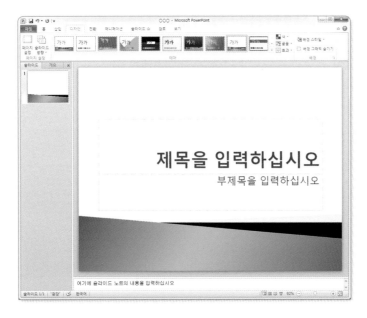

# 02 응시자명 및 슬라이드 번호 작성하기

**학습유형** ① 슬라이드 마스터 보기 ② 응시자명 작성 ③ 슬라이드 번호 삽입 ④ 슬라이드 시작 번호 지정

## 【보기】

# 제목을 입력하십시오
부제목을 입력하십시오

## 【처리사항】

### ■ 디자인 서식 지정과 마스터 편집하기 배점 1번(11), 2번(14)

1. 마스터 기능을 이용하여 슬라이드 상단 오른쪽에 '○○○'을 입력 하시오.
   1) 광장 슬라이드 마스터에 작성
   2) 텍스트 상자를 이용하여 '○○○'에는 응시자 본인의 이름을 입력
   3) 글꼴은 바탕체, 글꼴크기는 27pt로 지정
2. 슬라이드 번호를 삽입하시오.
   1) 머리글/바닥글 기능을 이용하여 슬라이드 삽입 시 자동으로 추가되게 지정
   2) 제목 슬라이드를 제외한 모든 슬라이드의 하단 오른쪽에 작성
   3) 글꼴크기는 20pt로 지정
   4) 슬라이드 시작 번호는 0으로 지정

## 1 슬라이드 마스터 보기

01 [보기] 탭 – [마스터 보기] 그룹에서 [슬라이드 마스터]를 클릭합니다.

02 [슬라이드 마스터] 편집화면이 나타나면 [광장 슬라이드 마스터: 슬라이드 1에서 사용]을 클릭합니다.

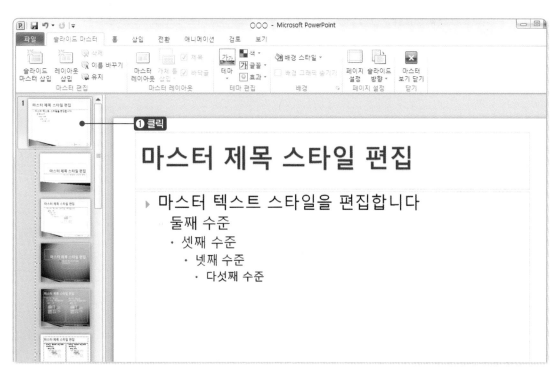

## 2 응시자명 작성하기

**01** [삽입] 탭 – [텍스트] 그룹에서 [텍스트 상자] – [가로 텍스트 상자]를 클릭합니다.

**02** 마우스 포인터 모양이 변경되면 클릭하여 텍스트 상자를 삽입합니다.

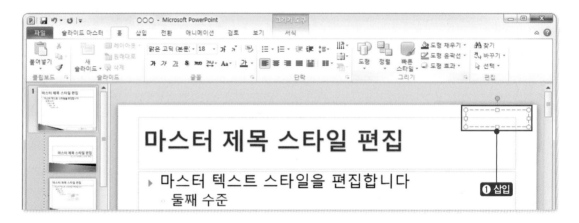

**03** 텍스트 상자가 삽입되면 응시자명을 입력합니다.

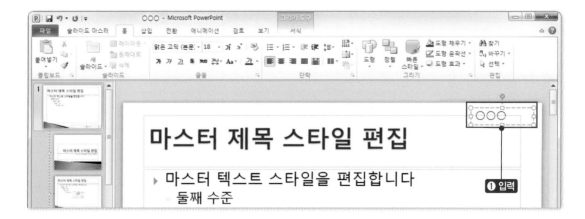

04 응시자명을 범위 지정한 후 [홈] 탭 – [글꼴] 그룹에서 글꼴은 바탕체, 글꼴크기 27pt를 지정합니다.

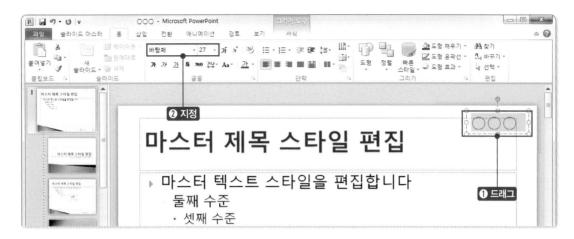

## ③ 슬라이드 번호 삽입하기

01 [삽입] 탭 – [텍스트] 그룹에서 [머리글/바닥글]을 클릭합니다.

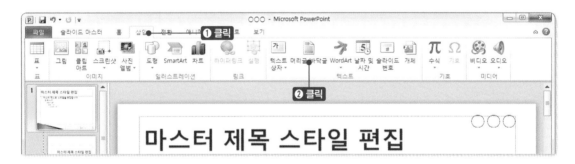

02 [머리글/바닥글] 대화상자가 나타나면 [슬라이드 번호]를 선택한 후 [제목 슬라이드에는 표시 안 함]을
선택한 다음 [모두 적용] 단추를 클릭합니다.

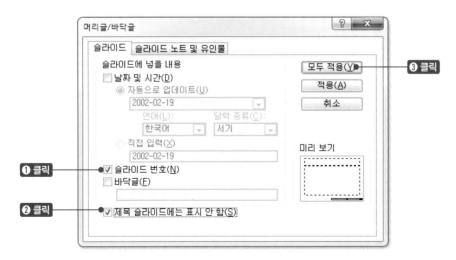

**03** 슬라이드 번호 개체 틀을 선택한 후 [홈] 탭 – [글꼴] 그룹에서 글꼴크기 20pt를 지정합니다.

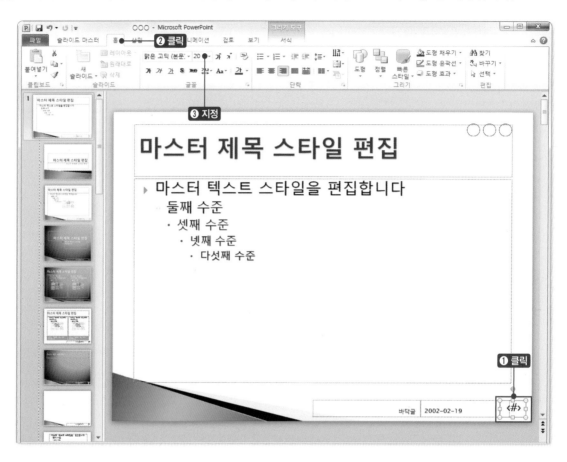

**04** 슬라이드 마스터 작성이 완료되면 [슬라이드 마스터] 탭 – [닫기] 그룹에서 [마스터 보기 닫기]를 클릭합니다.

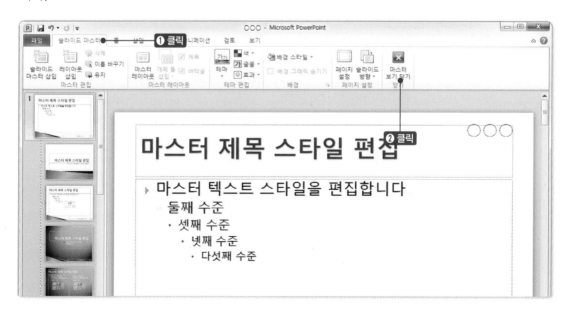

## 4 슬라이드 시작 번호 지정하기

01 [디자인] 탭 – [페이지 설정] 그룹에서 [페이지 설정]을 클릭합니다.

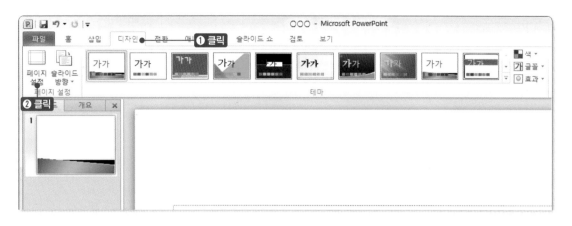

02 [페이지 설정] 대화상자가 나타나면 슬라이드 시작 번호 '0'을 지정한 후 [확인] 단추를 클릭합니다.

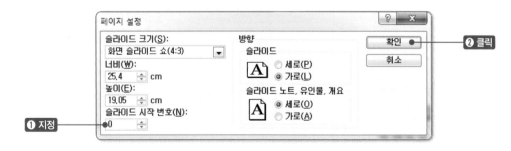

# 03 슬라이드 1 작성하기

**학습유형** ① 워드아트 작성 ② 하이퍼링크 설정

## 【보 기】

## 【처리사항】

■ **슬라이드 1 작성하기  배점 1번(5), 2번(15), 3번(7)**

1) 슬라이드는 '제목 슬라이드'로 지정하시오.

2) 워드아트를 이용하여 제목은 '스태그플레이션'으로 [보기 슬라이드]와 같이 작성하시오.

   – WordArt는 '채우기 – 연한 옥색, 텍스트 2, 윤곽선 – 배경 2'로 지정

   – 글꼴은 궁서체, 글꼴크기는 60pt로 지정

   – 워드아트의 크기는 너비 16cm, 높이 3.5cm로 지정

3) [보기 슬라이드]와 같이 부제목 '하이퍼링크'를 입력하고, e-Test 홈페이지를 하이퍼링크로 지정하시오.(e-Test 홈페이지 : http://www.e-test.co.kr)

   – 글꼴은 돋움체, 글꼴크기는 37pt로 지정

## 1 워드아트 작성하기

01 제목 개체 틀을 선택한 후 Delete 를 눌러 삭제합니다.

02 [삽입] 탭 – [텍스트] 그룹에서 [WordArt]를 클릭한 후 [채우기 – 연한 옥색, 텍스트 2, 윤곽선 – 배경 2]를 클릭합니다.

**03** WordArt 개체 틀이 삽입되면 '스태그플레이션'을 입력합니다.

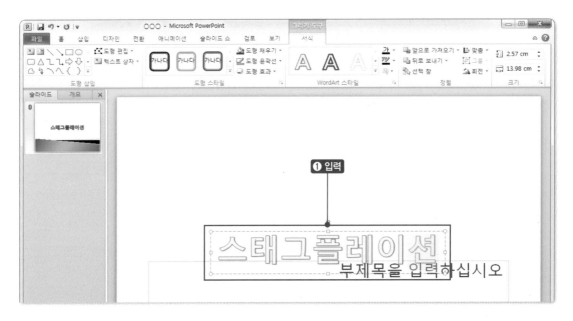

**04** [홈] 탭 – [글꼴] 그룹에서 글꼴은 궁서체, 글꼴크기는 60pt를 지정합니다.

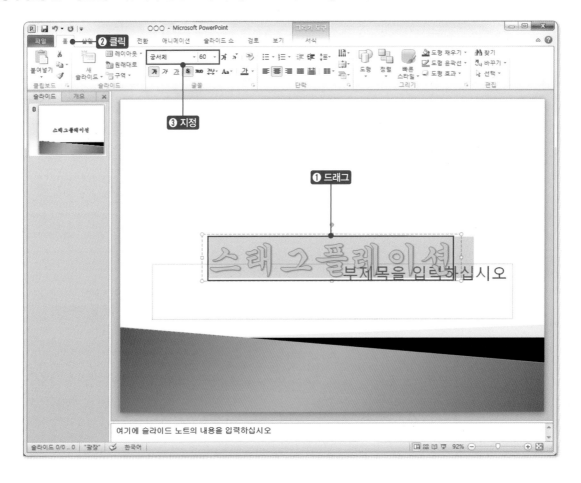

05 [그리기 도구] 탭 – [서식] 탭 – [크기] 그룹에서 높이 3.5cm와 너비 16cm를 지정합니다.

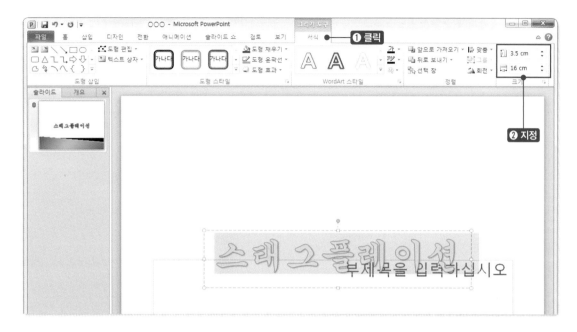

06 WordArt 작성이 완료되면 클릭한 후 위치를 이동합니다.

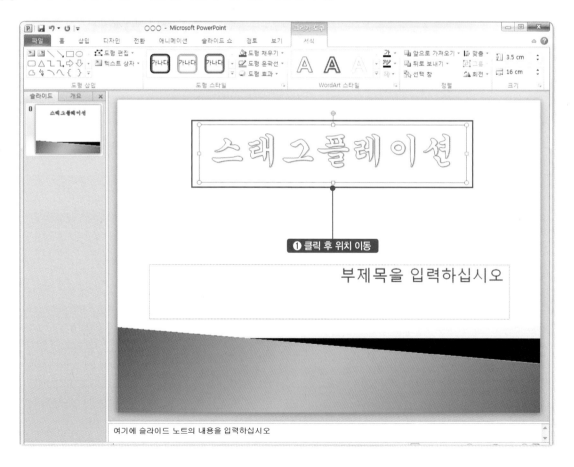

## ② 하이퍼링크 설정하기

**01** 부제목 개체 틀을 클릭한 후 '하이퍼링크'를 입력합니다.

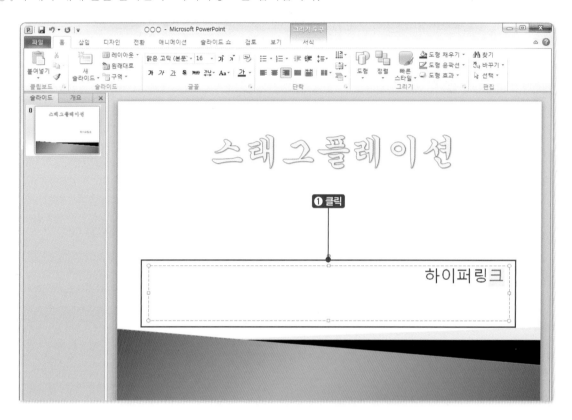

**02** '하이퍼링크'를 드래그하여 블록으로 설정한 후 [삽입] 탭 – [링크] 그룹에서 [하이퍼링크]를 클릭합니다.

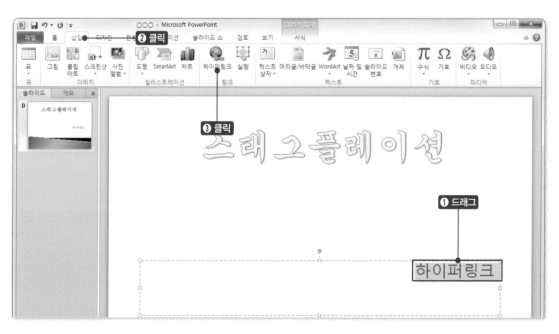

03 **[하이퍼링크 삽입]** 대화상자가 나타나면 주소 'http://www.e-test.co.kr'을 입력한 후 **[확인]** 단추를 클릭합니다.

04 하이퍼링크를 범위 지정한 후 **[홈]** 탭 – **[글꼴]** 그룹에서 글꼴은 돋움체, 글꼴크기 37pt를 지정합니다.

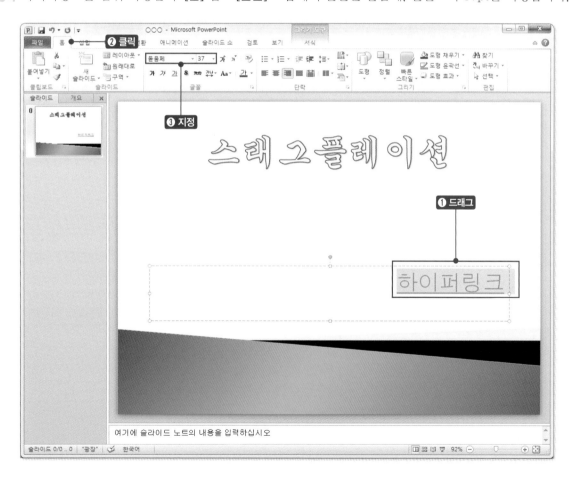

# 04 슬라이드 2 작성하기-1

**학습유형** [1] 슬라이드 추가 [2] 슬라이드 제목 작성 [3] 본문 텍스트 입력 [4] 단락 수준 변경

## 【보　　기】

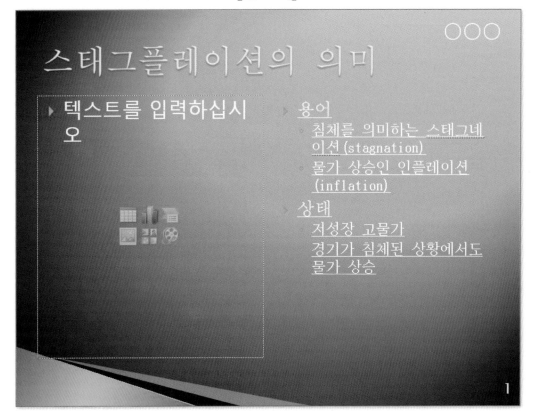

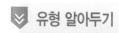

이번에는 두 번째 슬라이드를 작성하는 부분입니다.
파워포인트에서 가장 많은 글을 입력하여야 하는 부분이므로 오타 없이 정확하게 입력하는 것이 중요합니다.

## 【처리사항】

■ **슬라이드 2 작성하기-1  배점 1번(5), 2번(3), 3번(10)**

1) 새 슬라이드를 '콘텐츠 2개' 슬라이드로 추가하시오.

2) 제목은 '스태그플레이션의 의미'로 입력하시오.

   - 글꼴은 바탕체, 글꼴크기는 45pt로 지정

3) [보기 슬라이드]와 같이 다음 내용을 첫째 수준과 둘째 수준으로 입력하시오.

   〈입력 내용〉

   | 용어 |
   | --- |
   |     침체를 의미하는 스태그네이션(stagnation) |
   |     물가 상승인 인플레이션(inflation) |
   | 상태 |
   |     저성장 고물가 |
   |     경기가 침체된 상황에서도 물가 상승 |

   - 글꼴은 바탕체, 글꼴크기는 첫째 수준은 24pt, 둘째 수준은 20pt, 글꼴효과는 밑줄

### 1 슬라이드 추가하기

[홈] 탭 – [슬라이드] 그룹에서 [새 슬라이드]를 클릭한 후 [콘텐츠 2개] 슬라이드를 클릭합니다.

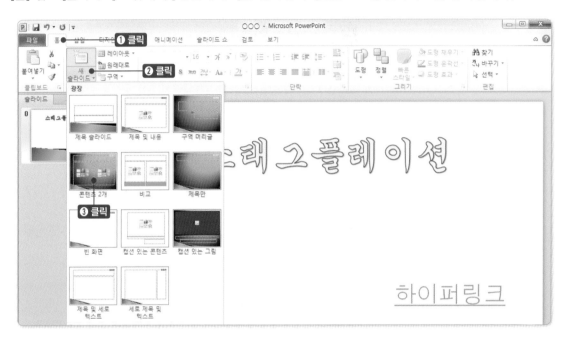

### 2 슬라이드 제목 작성하기

01 제목 개체 틀을 클릭한 후 '스태그플레이션의 의미'를 입력합니다.

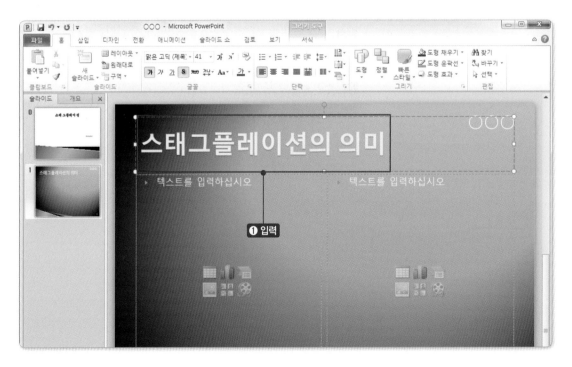

02 제목을 범위 지정한 후 [홈] 탭 – [글꼴] 그룹에서 글꼴은 바탕체와 글꼴크기 45pt를 지정합니다.

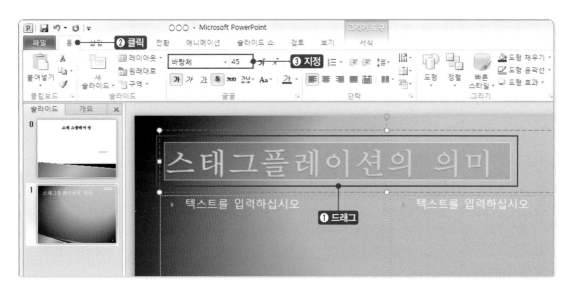

## ③ 본문 텍스트 입력하기

오른쪽 텍스트 개체 틀을 클릭한 후 내용을 입력합니다.

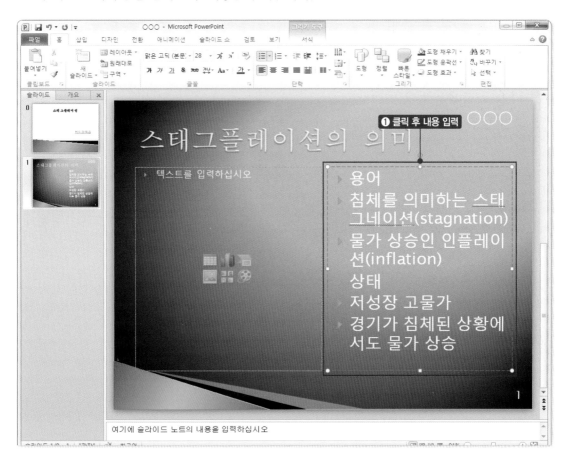

## 4 단락 수준 변경하기

01 두 번째 단락에 커서를 위치시킨 후 [홈] 탭 – [단락] 그룹에서 [목록 수준 늘림]을 클릭합니다.

02 같은 방법으로 세 번째, 다섯 번째, 여섯 번째 단락의 수준을 변경합니다.

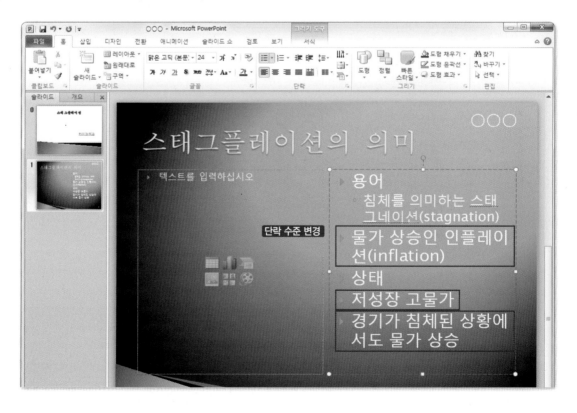

**03** 첫 번째, 네 번째 단락을 각각 드래그하여 블록으로 설정한 후 [홈] 탭 – [글꼴] 그룹에서 글꼴은 바탕체와 글꼴크기 24pt를 지정한 다음 [밑줄]을 클릭합니다.

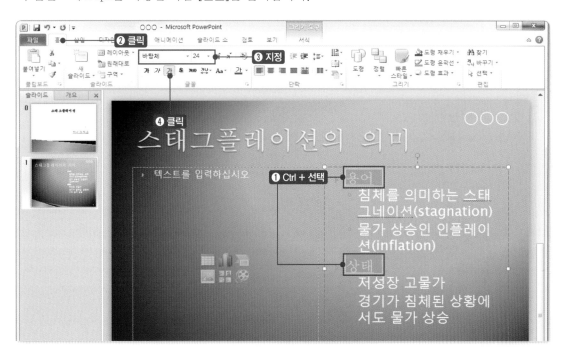

**04** 두 번째, 세 번째, 다섯 번째, 여섯 번째 단락을 각각 드래그하여 블록으로 설정한 후 [홈] 탭 – [글꼴] 그룹에서 글꼴은 바탕체와 글꼴크기 20pt를 지정한 다음 [밑줄]을 클릭합니다.

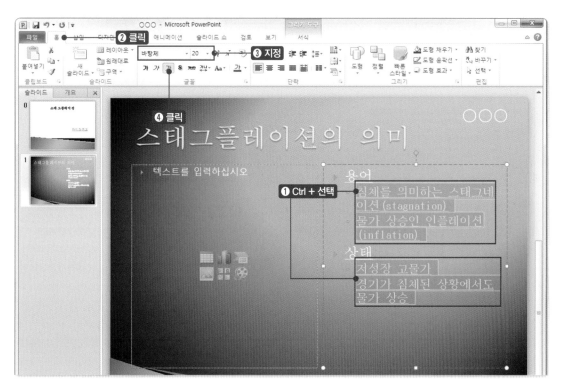

# 05 슬라이드 2 작성하기-2

**학습유형** ① 줄 간격 지정 ② 글머리 기호 지정 ③ 그림 삽입

## 【보　　기】

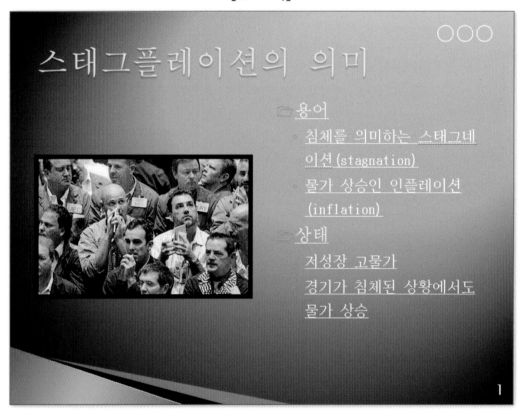

## 【처리사항】

■ **슬라이드 2 작성하기-2　배점 1번(1), 2번(3), 3번(30)**

1) 입력한 내용의 줄 간격은 고정 32pt로 지정하시오.

2) 글머리 기호 및 번호 매기기를 이용하여 입력한 내용의 첫째 수준 글머리 기호를 [보기 슬라이드]와 같이 작성하시오.

　– 글머리 기호의 모양은 📁, 크기는 80%로 지정

3) [삽입] 메뉴의 [그림]을 이용하여 주어진 '파워제공이미지'를 [보기 슬라이드]와 같이 문자열의 왼쪽에 삽입하시오.

　– 그림의 크기는 너비 11cm, 높이 7cm로 지정

## 1 줄 간격 지정하기

01 본문 내용을 범위 지정한 후 [홈] 탭 – [단락] 그룹에서 [줄 간격]을 클릭한 다음 [줄 간격 옵션]을 클릭합니다.

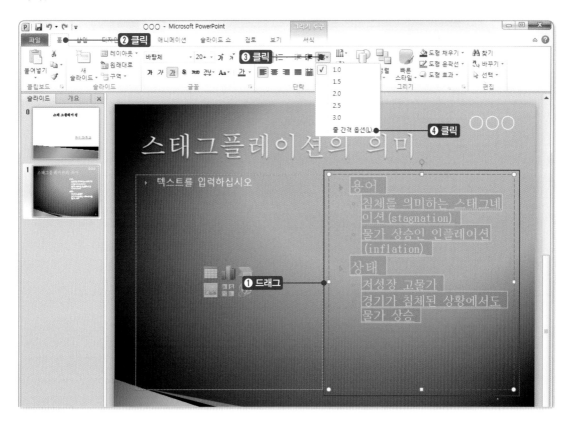

02 [단락] 대화상자가 나타나면 줄 간격은 '고정'을 선택한 후 값은 32pt를 지정한 다음 [확인] 단추를 클릭합니다.

## ☑ 글머리 기호 지정하기

01 첫 번째 단락을 범위 지정한 후 Ctrl 을 누른 상태에서 네 번째 단락을 드래그합니다.

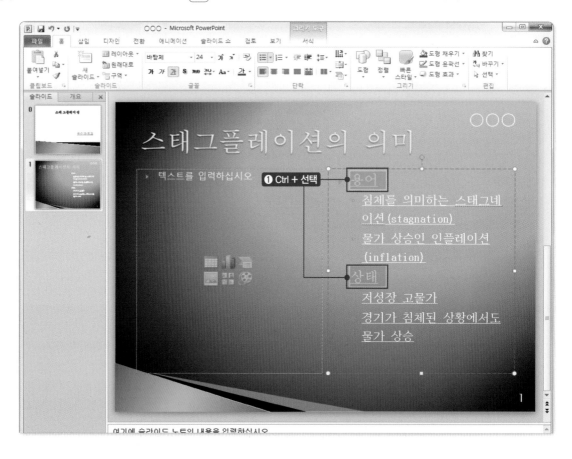

02 [홈] 탭 – [단락] 그룹에서 [글머리 기호] 목록 단추를 클릭한 후 [글머리 기호 및 번호 매기기]를 클릭합니다.

03 [글머리 기호 및 번호 매기기] 대화상자가 나타나면 [사용자 지정] 단추를 클릭합니다.

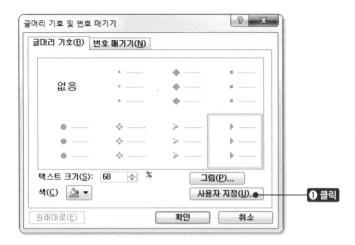

04 [기호] 대화상자가 나타나면 글꼴(Wingdings 또는 Webdings)을 선택한 후 기호⌂를 선택한 다음 [확인] 단추를 클릭합니다.

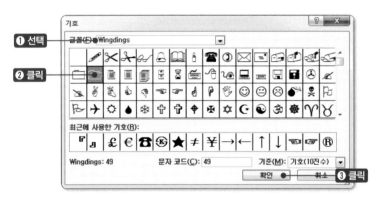

05 [글머리 기호 및 번호 매기기] 대화상자가 다시 나타나면 텍스트 크기 80%를 지정한 후 [확인] 단추를 클릭합니다.

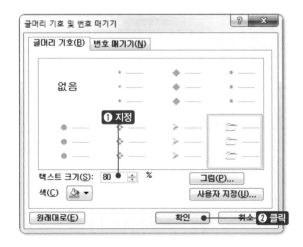

## ③ 그림 삽입하기

**01** 왼쪽 개체 틀의 [파일에서 그림 삽입]을 클릭합니다.

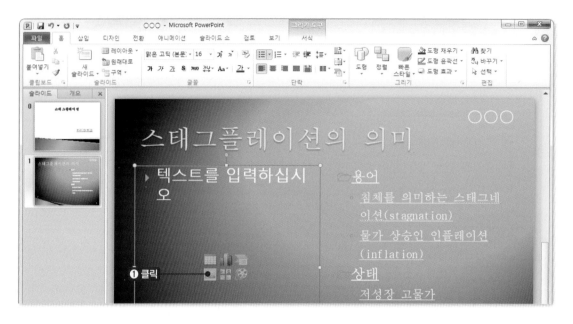

**02** [그림 삽입] 대화상자가 나타나면 찾는 위치를 지정한 후 그림을 선택한 다음 [삽입] 단추를 클릭합니다.

**03** [그림 도구] 탭 – [서식] 탭 – [크기] 그룹에서 [크기 및 위치]를 클릭합니다.

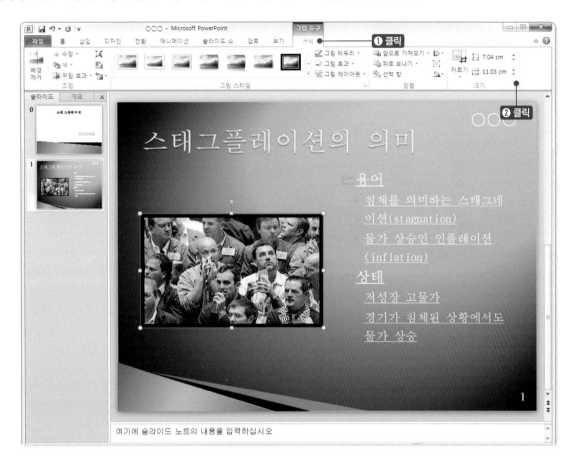

**04** [그림 서식] 대화상자가 나타나면 [가로 세로 비율 고정]을 해제한 후 높이 7cm와 너비 11cm를 지정한 다음 [닫기] 단추를 클릭합니다.

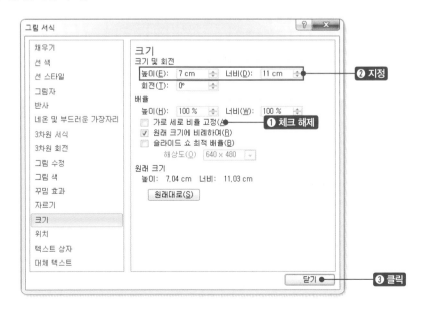

# 06 슬라이드 3 작성하기-1

**학습유형** ① 새 슬라이드 추가 ② 슬라이드 제목 작성 ③ 표 삽입 ④ 각 셀 내용 입력 및 설정

## 【보　기】

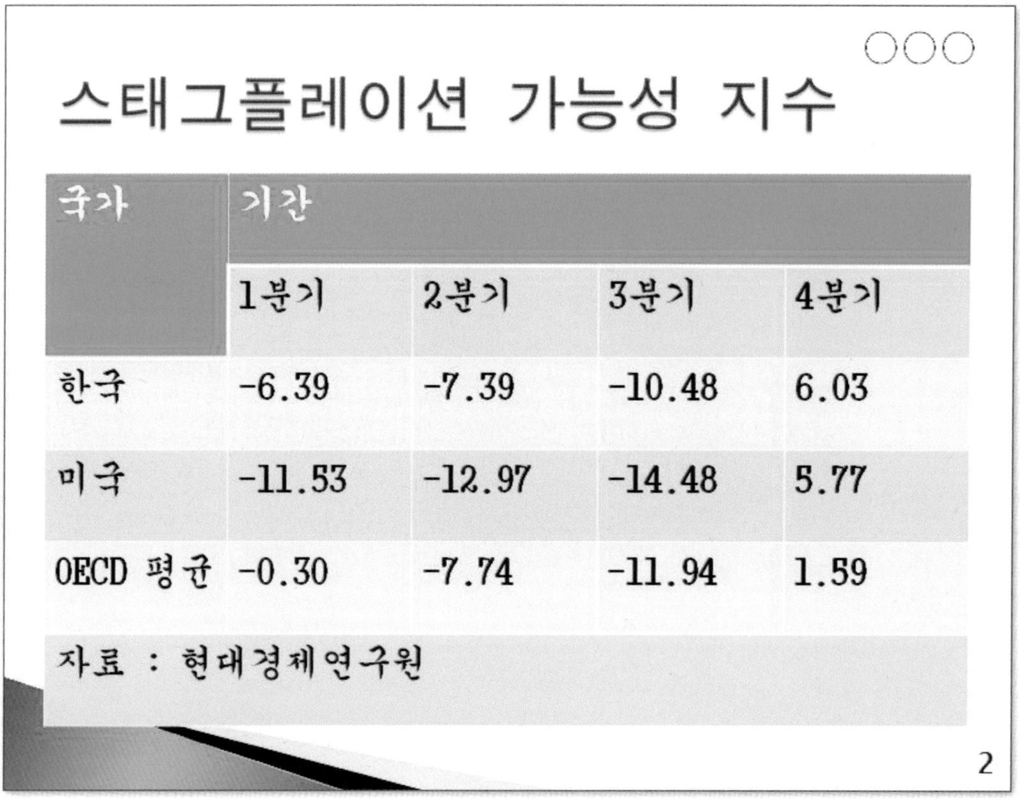

| 국가 | 기간 | | | |
|---|---|---|---|---|
| | 1분기 | 2분기 | 3분기 | 4분기 |
| 한국 | -6.39 | -7.39 | -10.48 | 6.03 |
| 미국 | -11.53 | -12.97 | -14.48 | 5.77 |
| OECD 평균 | -0.30 | -7.74 | -11.94 | 1.59 |
| 자료 : 현대경제연구원 | | | | |

**스태그플레이션 가능성 지수**

2

## 【처리사항】

■ **슬라이드 3 작성하기-1** 배점 1번(5), 2번(3), 3번(30)

1) 새 슬라이드를 '제목 및 내용' 슬라이드로 추가하시오.
2) 제목은 '스태그플레이션 가능성 지수'로 입력하시오.
   - 글꼴은 돋움체, 글꼴 크기는 42pt로 지정
3) 6행 5열의 표를 작성하고, 아래의 조건대로 작성하시오. (반드시 표 형식이 유지되어야 함)
   - 아래 지정된 셀을 각각 셀 병합 지정
     1행 1열 ~ 2행 1열 셀 병합 / 1행 2열 ~ 1행 5열 셀 병합 / 6행 1열 ~ 6행 5열 셀 병합
   - 표 전체에 [보기 슬라이드]와 같이 내용을 입력하고, 글꼴은 궁서체, 글꼴 크기는 25pt로 지정

## 1 새 슬라이드 추가하기

[홈] 탭 – [슬라이드] 그룹에서 [새 슬라이드]를 클릭한 후 [제목 및 내용] 슬라이드를 클릭합니다.

## 2 슬라이드 제목 작성하기

01 제목 개체 틀을 클릭한 후 '스태그플레이션 가능성 지수'를 입력합니다.

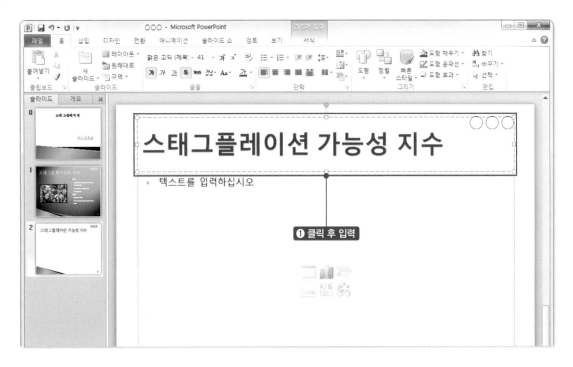

02 제목을 범위 지정한 후 [홈] 탭 – [글꼴] 그룹에서 글꼴은 돋움체, 글꼴크기는 42pt를 지정합니다.

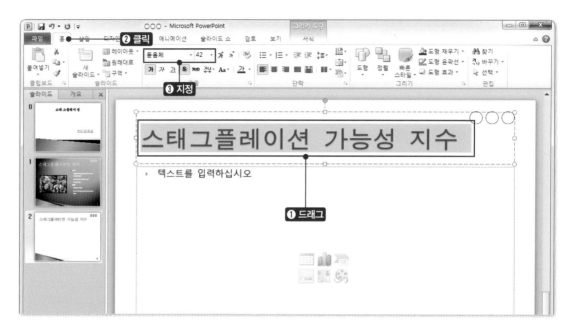

## 3 표 삽입하기

01 개체 틀에서 [표 삽입]을 클릭합니다.

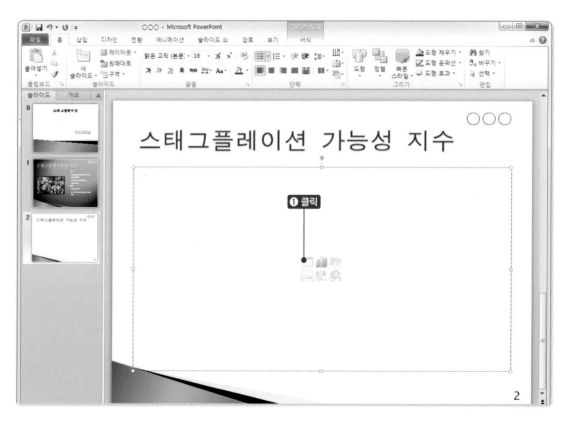

02 [표 삽입] 대화상자가 나타나면 열 개수 '5' 와 행 개수 '6' 을 지정한 후 [확인] 단추를 클릭합니다.

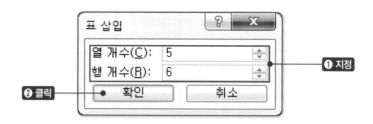

03 1행 1열 ~ 2행 1열을 드래그하여 셀 블록으로 설정한 후 [표 도구] 탭 – [레이아웃] 탭 – [병합] 그룹
에서 [셀 병합]을 클릭합니다.

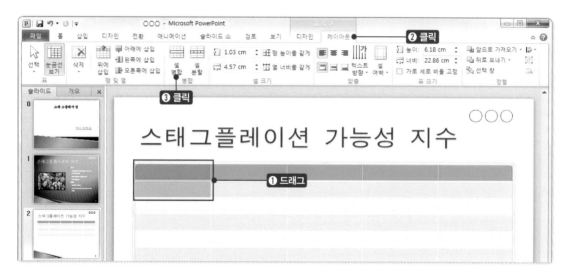

04 같은 방법으로 나머지 셀을 '셀 병합' 합니다.

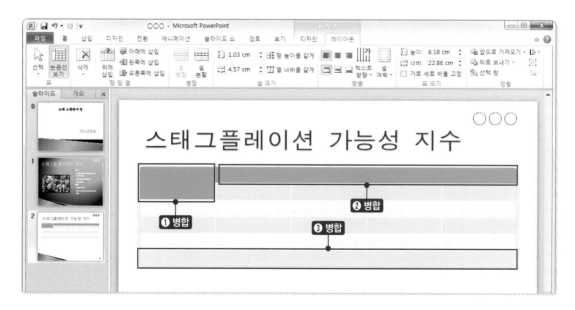

## ▣ 각 셀 내용 입력 및 설정

01 각 셀에 내용을 입력합니다.

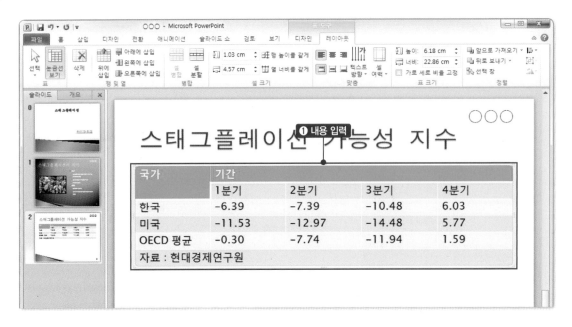

02 셀 전체를 범위 지정한 후 [홈] 탭 − [글꼴] 그룹에서 글꼴은 궁서체와 글꼴크기는 25pt로 지정합니다.

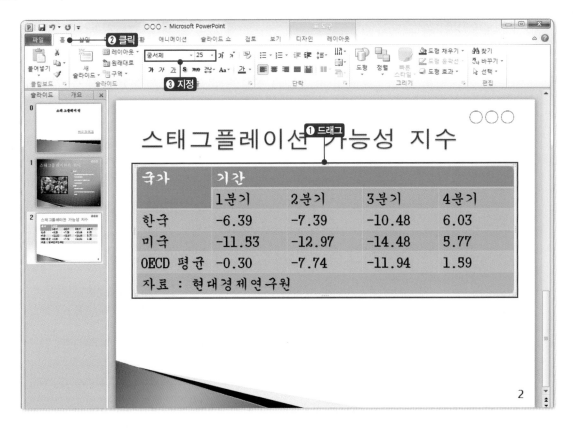

03 셀 경계선을 드래그하여 상·하 크기를 조절합니다.

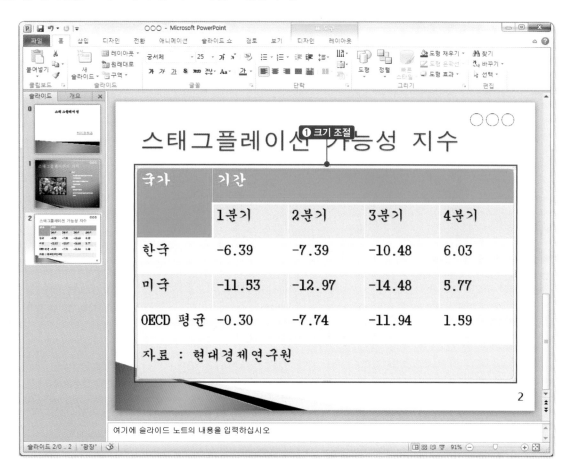

# 07 슬라이드 3 작성하기-2

**학습유형** ① 셀 맞춤 지정 ② 질감 지정 ③ 테두리 지정

【보  기】

## 스태그플레이션 가능성 지수

○○○

| 국가 | 기간 | | | |
|---|---|---|---|---|
| | 1분기 | 2분기 | 3분기 | 4분기 |
| 한국 | -6.39 | -7.39 | -10.48 | 6.03 |
| 미국 | -11.53 | -12.97 | -14.48 | 5.77 |
| OECD 평균 | -0.30 | -7.74 | -11.94 | 1.59 |

자료 : 현대경제연구원

2

【처리사항】

■ **슬라이드 3 작성하기-2  배점 1번(30)**

1) 아래의 조건대로 작성하시오. (반드시 표 형식이 유지되어야 함)

– 아래의 조건대로 셀 맞춤 지정

표 전체 : [표 도구] – [레이아웃] 메뉴 [맞춤] 그룹의 세로 가운데 맞춤

1행 : [표 도구] – [레이아웃] 메뉴 [맞춤] 그룹의 가운데 맞춤

2행 : [표 도구] – [레이아웃] 메뉴 [맞춤] 그룹의 가운데 맞춤

– 5행의 채우기는 질감의 '분홍 박엽지'로 지정

– 표 전체의 안쪽 세로 테두리는 파선, 안쪽 가로 테두리 실선으로 지정

– 표 전체 바깥쪽 테두리는 3pt 실선으로 지정

## 1 셀 맞춤 지정하기

01 표 전체를 범위 지정한 후 [표 도구] 탭 – [레이아웃] 탭 – [맞춤] 그룹에서 [세로 가운데 맞춤]을 클릭합니다.

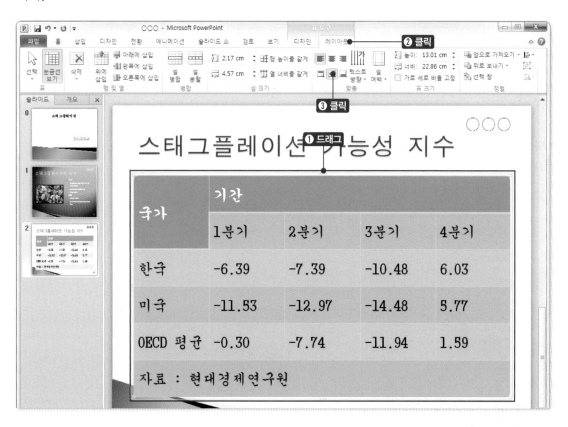

02 1행을 범위 지정한 후 [표 도구] 탭 – [레이아웃] 탭 – [맞춤] 그룹에서 [가운데 맞춤]을 클릭합니다.

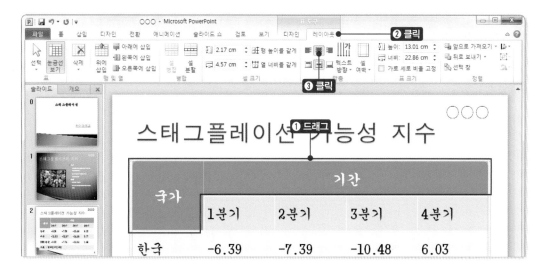

03 2행을 범위 지정한 후 [표 도구] 탭 – [레이아웃] 탭 – [맞춤] 그룹에서 [가운데 맞춤]을 클릭합니다.

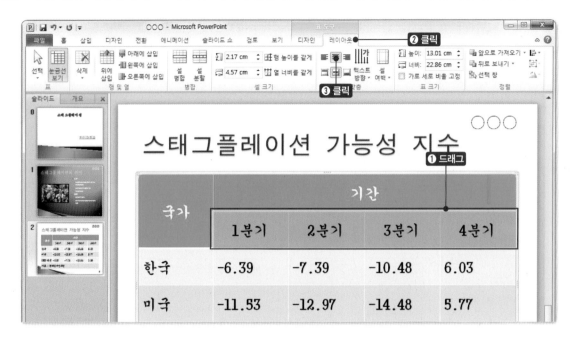

## 2 질감 지정하기

01 5행을 범위 지정한 후 [표 도구] 탭 – [디자인] 탭 – [표 스타일] 그룹에서 [음영]의 목록 단추를 클릭합니다.

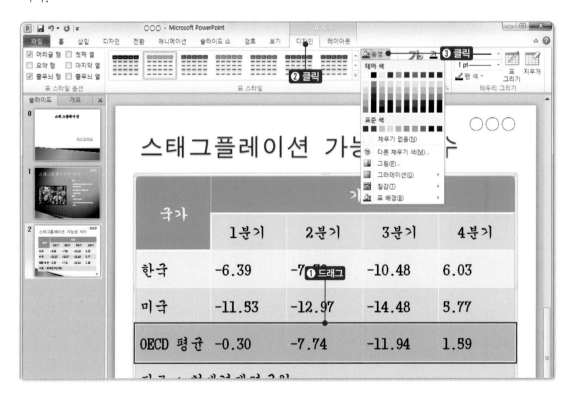

02 목록이 나타나면 [질감] – [분홍 박엽지]를 클릭합니다.

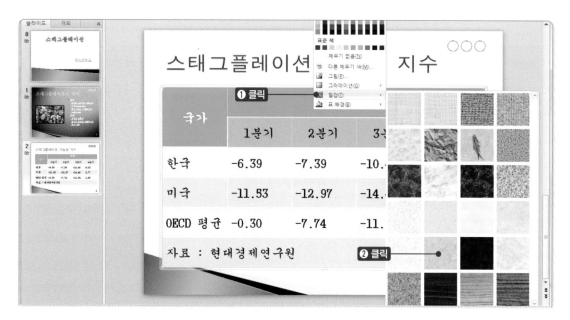

### 3 테두리 지정하기

01 표 전체를 드래그하여 셀 블록으로 지정한 후 [표 도구] 탭 – [디자인] 탭 – [테두리 그리기] 그룹에서 [펜 스타일]을 클릭한 다음 [파선]을 클릭합니다.

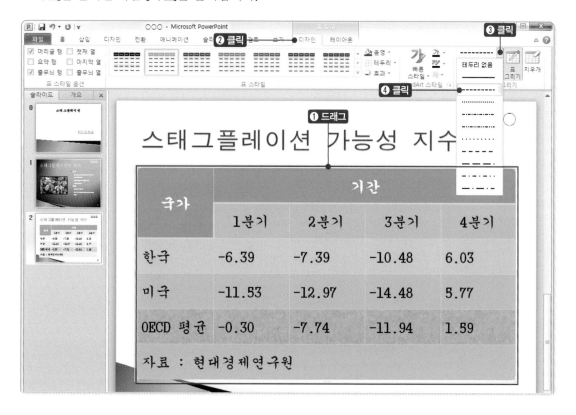

**02** [표 도구] 탭 – [디자인] 탭 – [표 스타일] 그룹에서 [테두리]의 목록 단추를 클릭한 후 [안쪽 세로 테두리]를 클릭합니다.

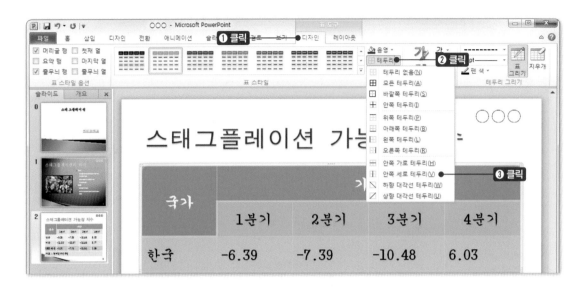

**03** 같은 방법으로 안쪽 가로 테두리를 실선으로 지정합니다.

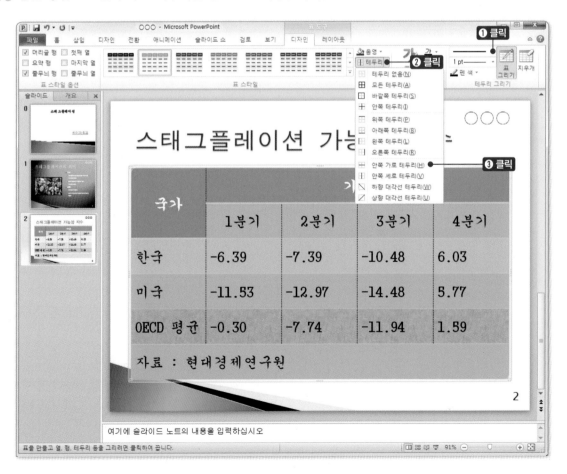

04 [표 도구] 탭 – [디자인] 탭 – [테두리 그리기] 그룹에서 [펜 두께]를 클릭한 후 [3pt]를 클릭합니다.

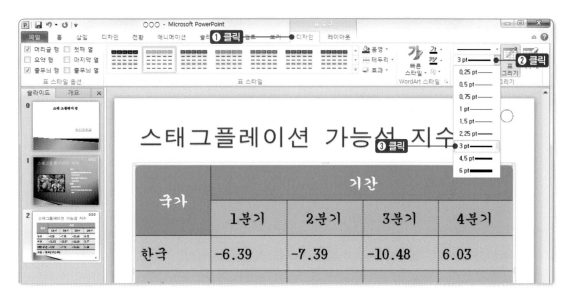

05 [표 도구] 탭 – [디자인] 탭 – [테두리 그리기] 그룹에서 [테두리]의 목록 단추를 클릭한 후 [바깥쪽 테두리]를 클릭합니다.

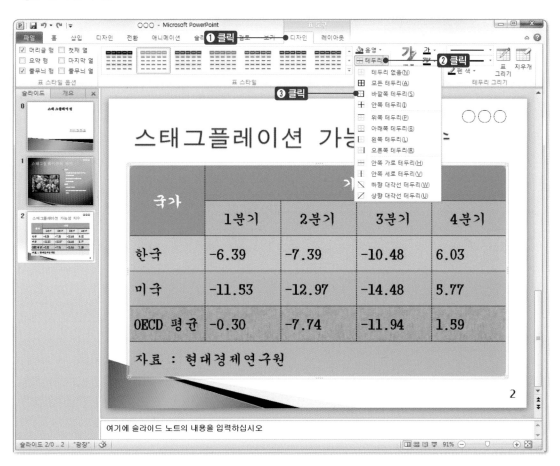

# 08 슬라이드 4 작성하기-1

**학습유형** 1 새 슬라이드 추가  2 제목 도형 작성  3 질감 지정  4 그림자 효과 지정 및 내용 입력
5 도형 작성  6 입체 효과 지정  7 도형 복사  8 도형 내용입력

## 【보　　기】

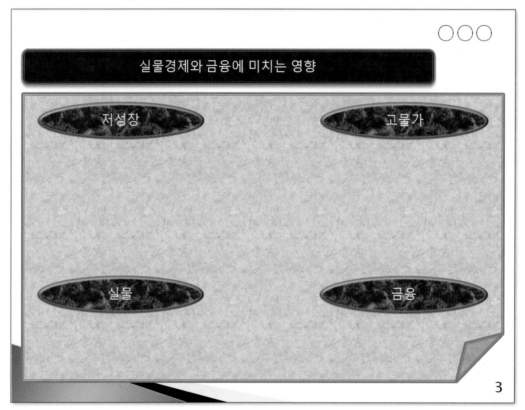

## 【처리사항】

### ■ 슬라이드 4 작성하기-1  배점 1번(5), 2번(54)

1) 새 슬라이드를 '빈 화면' 슬라이드로 추가하시오.

2) 그리기 도구모음을 이용하여 아래 조건에 맞게 [보기 슬라이드]와 같이 작성하시오.

　　– 모서리가 둥근 직사각형 도형을 1개 그리고, 면의 질감은 자주 편물로 지정하고, 그
　　　림자는 '바깥쪽, 오프셋 아래쪽'을 적용, '실물경제와 금융에 미치는 영향'을 입력

　　– 모서리가 접힌 도형을 1개 그리고, 면의 질감은 분홍 박엽지로 지정

　　– 타원 도형을 4개 그리고, 면의 질감은 밤색 대리석으로 지정하고, 3차원 서식으로
　　　입체 효과의 위쪽 '둥글게'를 적용, '저성장', '실물', '고물가', '금융'을 각각 입력

## 1 새 슬라이드 추가하기

[홈] 탭 − [슬라이드] 그룹에서 [새 슬라이드]를 클릭한 후 [빈 화면] 슬라이드를 클릭합니다.

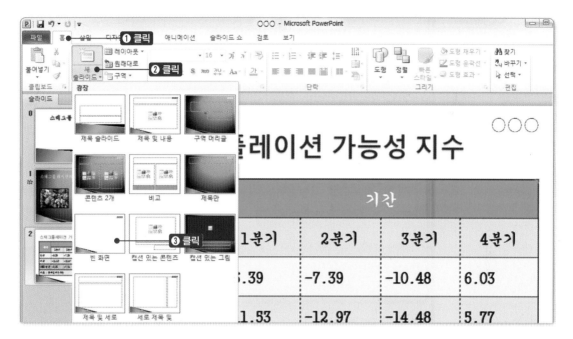

## 2 제목 도형 작성하기

01 [삽입] 탭 − [일러스트레이션] 그룹에서 [도형]을 클릭한 후 [모서리가 둥근 직사각형]을 클릭합니다.

02 십자 모양이 변경되면 대각선으로 드래그하여 도형을 작성합니다.

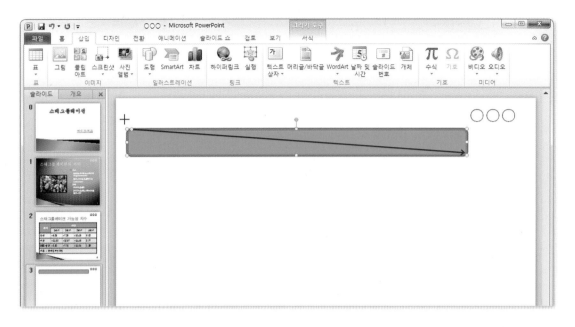

### ③ 질감 지정하기

[그리기 도구] 탭 – [서식] 탭 – [도형 스타일] 그룹에서 [도형 채우기] – [질감] – [자주 편물]을 클릭합니다.

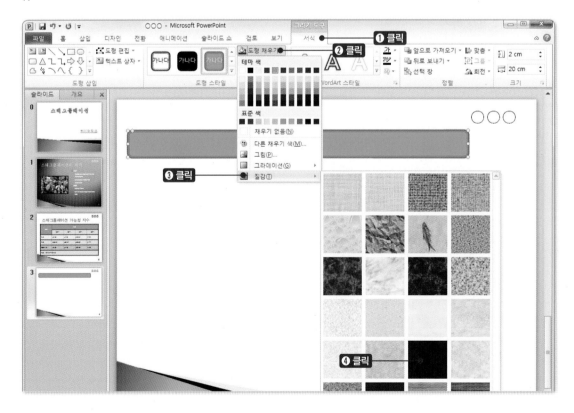

## ▣ 그림자 효과 지정 및 내용 입력

01 [그리기 도구] 탭 – [서식] 탭 – [도형 스타일] 그룹에서 [도형 효과] – [그림자] – [바깥쪽, 오프셋 아래쪽]을 클릭합니다.

02 '실물경제와 금융에 미치는 영향'을 입력합니다.

## 5 도형 작성하기

01 [삽입] 탭 – [일러스트레이션] 그룹에서 [도형]을 클릭한 후 [모서리가 접힌 도형]을 클릭합니다.

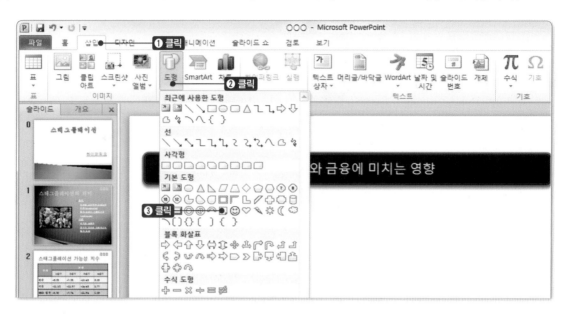

02 십자 모양이 변경되면 대각선으로 드래그하여 도형을 작성합니다.

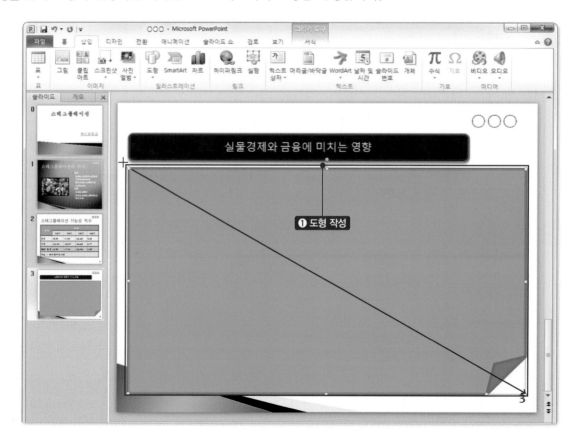

**03** [그리기 도구] 탭 – [서식] 탭 – [도형 스타일] 그룹에서 [도형 채우기] – [질감] – [분홍 박엽지]를 클릭합니다.

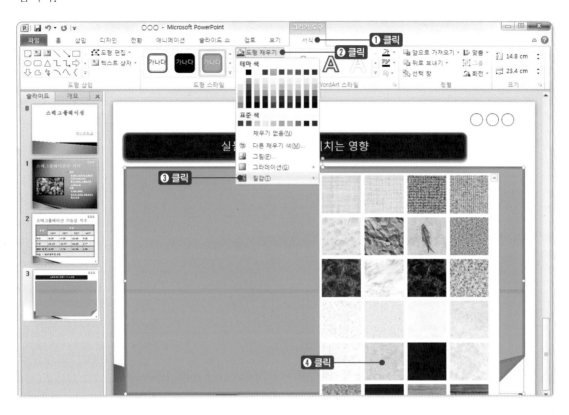

**04** [삽입] 탭 – [일러스트레이션] 그룹에서 [도형]을 클릭한 후 [타원] 도형을 클릭합니다.

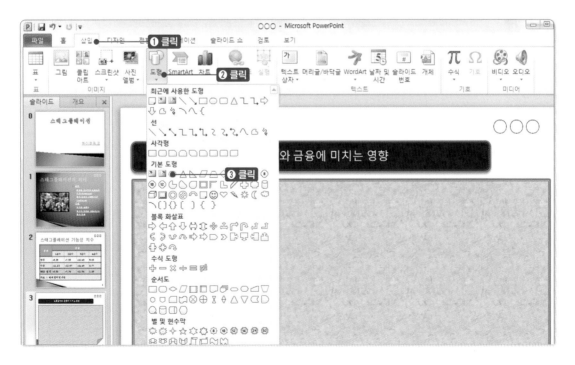

05 십자 모양이 변경되면 대각선으로 드래그하여 도형을 그립니다.

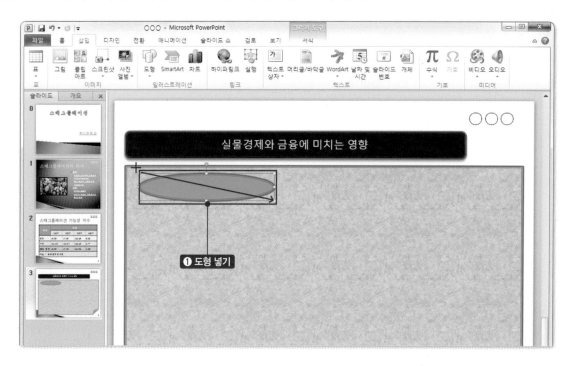

06 [그리기 도구] 탭 – [서식] 탭 – [도형 스타일] 그룹에서 [도형 채우기] – [질감] – [밤색 대리석]을 클릭합니다.

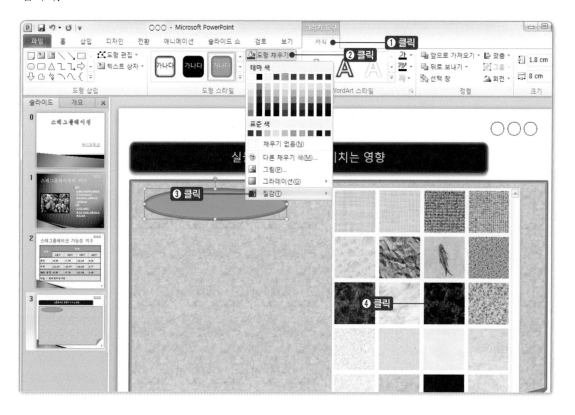

## 6 입체 효과 지정하기

01 [그리기 도구] 탭 – [서식] 탭 – [도형 스타일] 그룹에서 [도형 효과] – [입체 효과] – [3차원 옵션]을 클릭합니다.

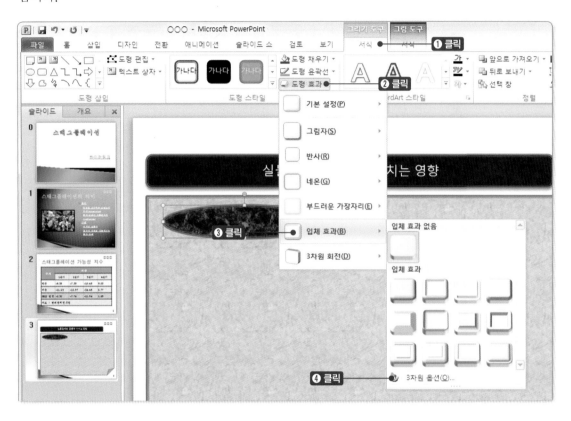

02 [그림 서식] 대화상자가 나타나면 위쪽 '둥글게'를 지정한 후 [닫기] 단추를 클릭합니다.

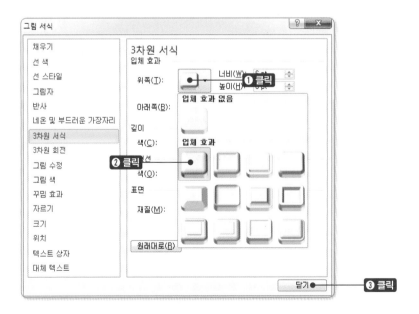

01 도형 선택 후 Ctrl + Shift 를 누른 상태에서 마우스 포인터를 적당한 위치로 이동하여 도형을 복사합니다.

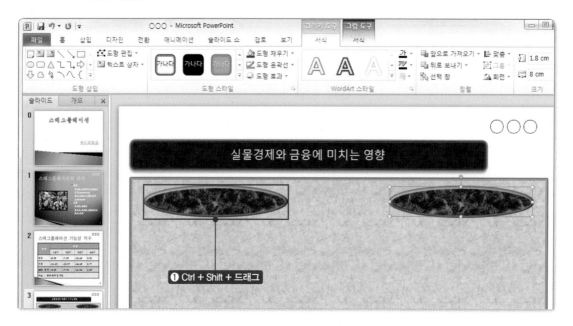

02 Ctrl 을 누른 상태에서 왼쪽 도형을 선택합니다.

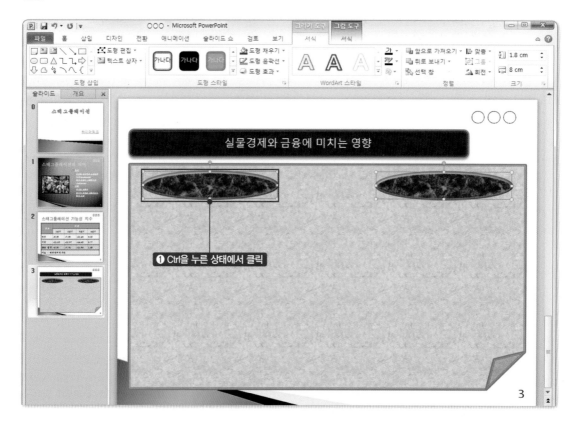

03 도형 선택 후 Ctrl+Shift를 누른 상태에서 마우스 포인터를 적당한 위치로 이동하여 도형을 복사합니다.

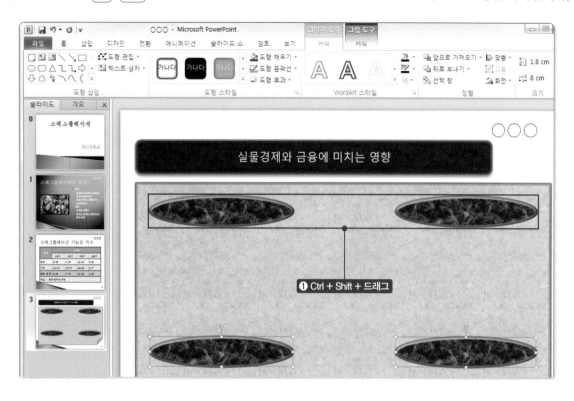

## 8 도형 내용입력

도형을 클릭한 후 별다른 설정 없이 바로 '저성장', '실물', '고물가', '금융' 내용을 입력합니다.

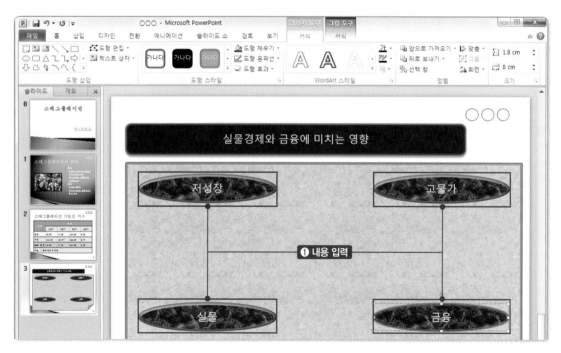

# 09 슬라이드 4 작성하기-2

**학습유형** ① 직사각형 도형 그리기 ② 질감 지정 ③ 내용 입력
④ 선 그리기 ⑤ 그룹 지정 및 크기 조정 ⑥ 배경 지정

## 【보 기】

## 【처리사항】

- **슬라이드 4 작성하기-2 배점 1번(54), 2번(10)**

1) 그리기 도구모음을 이용하여 아래 조건에 맞게 [보기 슬라이드]와 같이 작성하시오.
    - 직사각형 도형을 5개 그리고, 면의 질감은 오크로 지정하고, '수출 건설 경기 위축', '생활물가 상승', '스태그플레이션 가시화', '투자 소비 위축 가속', '주식 부동산시장 침체'를 각각 입력
    - 선의 종류가 실선이고, 너비가 3pt인 꺾인 화살표 연결선 4개 그리기
    - 작성된 모든 도형은 [보기 슬라이드]와 같이 배열하고, 그룹으로 지정하고, 크기는 너비 24cm, 높이 17cm로 지정
2) 슬라이드의 배경에서 배경 그래픽 숨기기를 지정하고, 그라데이션 채우기의 기본 설정색은 '밤의 어둠'으로 지정하시오.

## 1 직사각형 도형 그리기

01 [삽입] 탭 – [일러스트레이션] 그룹에서 [도형]을 클릭한 후 [직사각형] 도형을 클릭합니다.

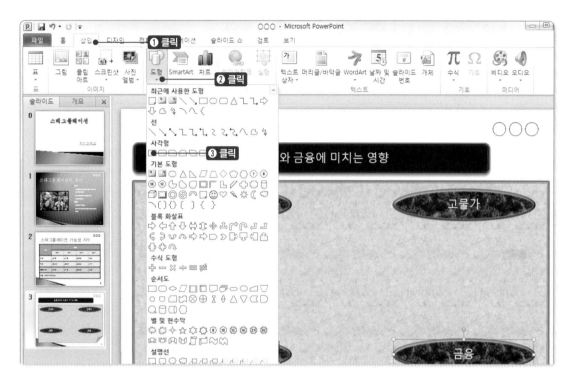

02 십자 모양이 변경되면 대각선으로 드래그하여 도형을 작성합니다.

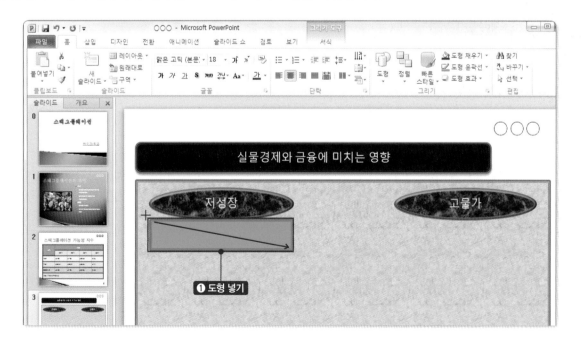

## 2 질감 지정하기

[그리기 도구] 탭 – [서식] 탭 – [도형 스타일] 그룹에서 [도형 채우기] – [질감] – [오크]를 클릭합니다.

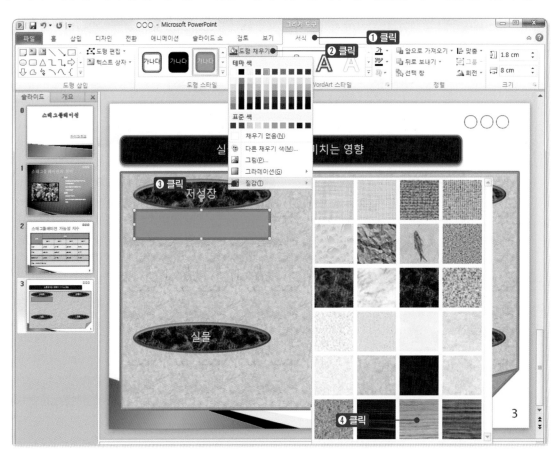

## 3 내용 입력하기

01 `Ctrl`+`Shift`를 누른 상태에서 오른쪽으로 이동한 후, `Ctrl`만 누른 상태에서 아래로 이동하여 도형을 복사합니다.

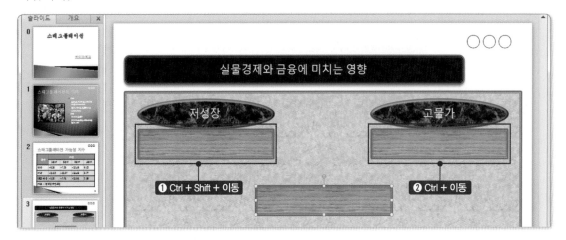

02 맨 아래쪽 도형도 같은 방법으로 복사한 후 별다른 설정 없이 각 도형에 바로 '수출 건설 경기 위축', '생활물가 상승', '스태그플레이션 가시화', '투자 소비 위축 가속', '주식 부동산시장 침체' 내용을 입력합니다.

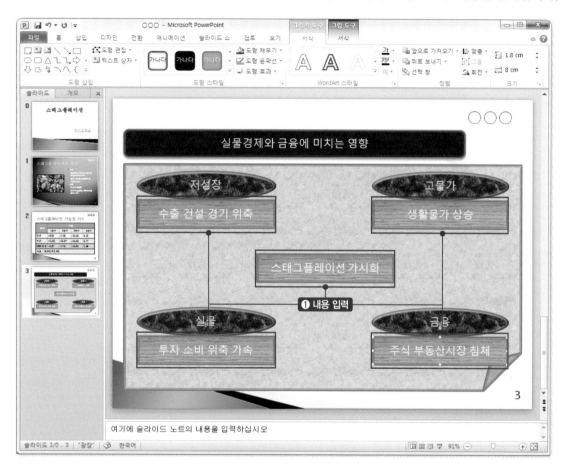

## 4 선 그리기

01 [삽입] 탭 – [일러스트레이션] 그룹에서 [도형]을 클릭한 후 [꺾인 화살표 연결선]을 클릭합니다.

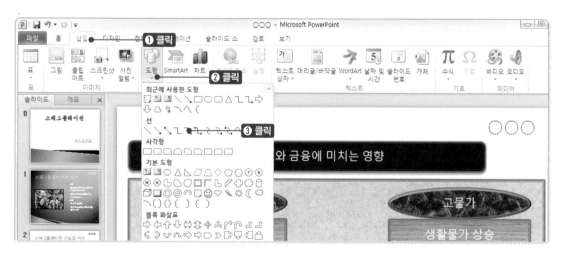

**02** 십자 모양이 변경되면 직사각형 도형의 빨간 점에서 마우스를 클릭한 상태로 아래 직사각형 도형의 빨간 점으로 이동하여 선을 연결합니다.

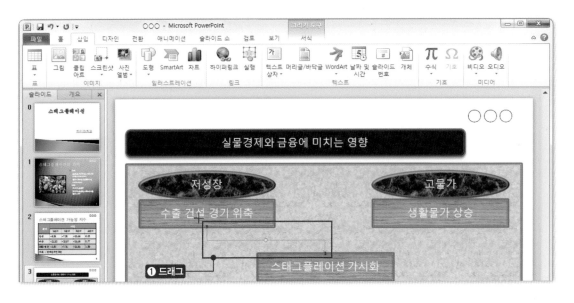

**03** 나머지 선도 동일하게 그립니다.

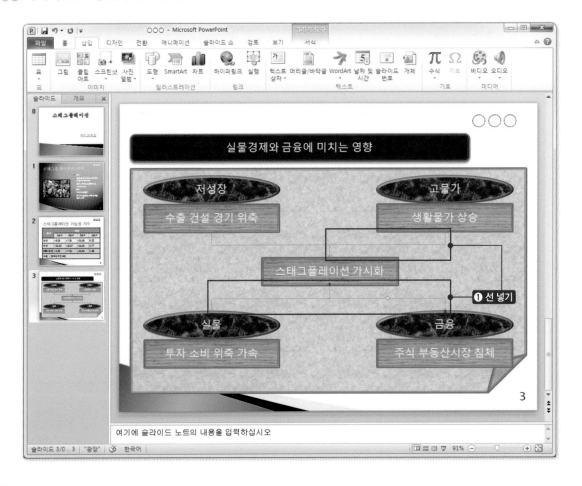

**04** Ctrl 을 누른 상태에서 모든 선을 클릭한 후 마우스 오른쪽을 클릭하여 [도형 서식] – [선 스타일]에서 너비를 3pt로 지정한 후, [닫기] 단추를 클릭합니다.

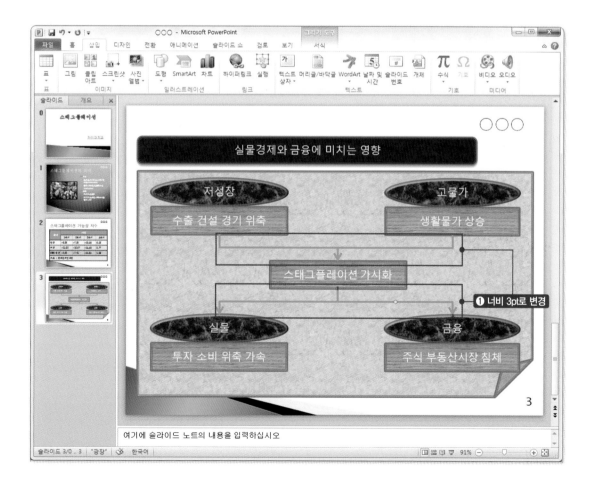

## 5 그룹 지정 및 크기 조정

01 모든 도형을 선택한 후 마우스 오른쪽을 눌러 [그룹] – [그룹]을 클릭합니다.

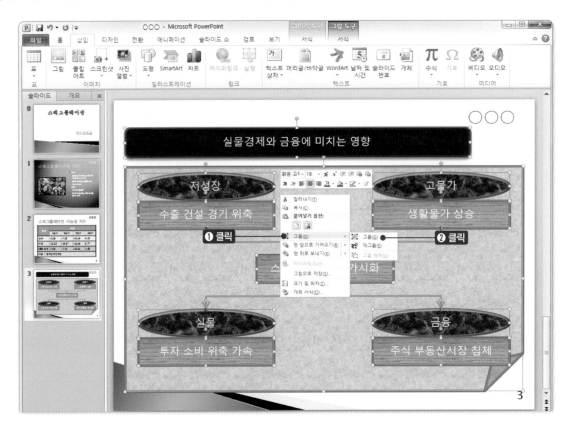

02 마우스 오른쪽을 클릭한 후 [그림 서식] – [크기]에서 '가로 세로 비율 고정' 체크 해제 후, 높이 17cm, 너비 24cm 입력한 후, [닫기] 단추를 클릭합니다.

## 6 배경 지정하기

01 슬라이드의 빈 공간에서 마우스 오른쪽 클릭 후 [배경 서식] – [채우기] – [그라데이션 채우기]를 선택한 다음 기본 설정 색을 '밤의 어둠'으로 지정합니다.

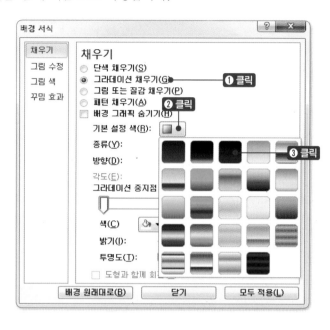

02 [배경 그래픽 숨기기]를 체크하고 [닫기] 단추를 클릭한 후 그룹된 도형을 알맞은 위치에 배치합니다.

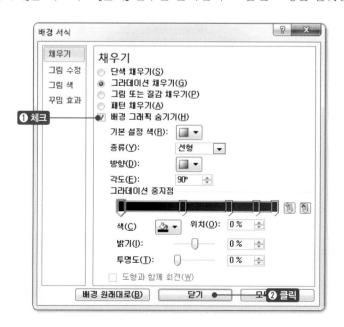

# 10 슬라이드 5 작성하기

**학습유형** ① 새 슬라이드 추가  ② 슬라이드 제목 작성  ③ 도형 작성  ④ 질감 지정
⑤ 입체 효과 지정  ⑥ 실행 설정 지정  ⑦ 도형 그룹 지정  ⑧ 슬라이드 숨기기

【보　　기】

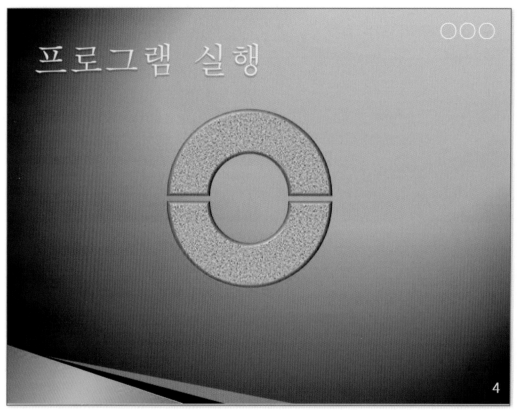

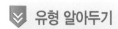 

파워포인트에서 다른 프로그램을 실행할 수 있는지 점검을 하는 시험문제입니다.
설명에 따라 연습을 하면 쉽게 점수를 득점할 수 있는 부분입니다.

## 【처리사항】

■ **슬라이드 5 작성하기** **배점 1번(5), 2번(3), 3번(16), 4번(3)**

1) 새 슬라이드를 '제목만' 슬라이드로 추가하시오.

2) 제목은 '프로그램 실행'으로 입력하시오.
   - 글꼴은 바탕체, 글꼴크기는 50pt로 지정

3) 도형을 작성하여 실행 설정을 지정하시오.
   - 그리기 도구모음의 '막힌 원호' 도형을 그리고, 면의 질감은 모래로 지정하고, 너비 8cm, 높이 8cm
     로 작성
   - 작성된 '막힌 원호' 도형은 3차원 서식으로 입체 효과의 위쪽 '둥글게'와 깊이 72pt를 지정
   - 슬라이드 쇼 실행 시, 마우스를 '막힌 원호' 도형 위에 놓았을 때 메모장 프로그램(NOTEPAD.EXE)
     이 실행되도록 실행 설정을 지정
   - 실행 설정이 지정된 '막힌 원호' 도형을 복사하여 상하 대칭 지정
   - 작성된 두 개의 '막힌 원호' 도형을 그룹으로 지정

4) 슬라이드 5를 숨기기로 지정하시오.

## 1 새 슬라이드 추가하기

[홈] 탭 – [슬라이드] 그룹에서 [새 슬라이드]를 클릭한 후 [제목만] 슬라이드를 클릭합니다.

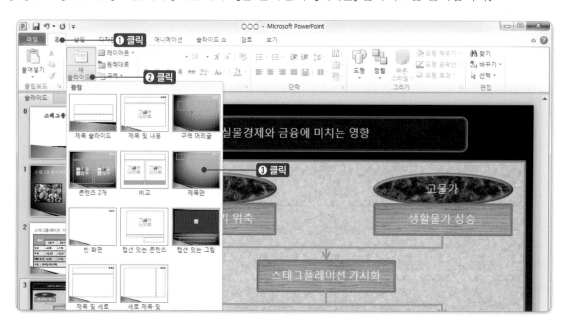

## 2 슬라이드 제목 작성하기

01 제목 개체 틀을 클릭한 후 '프로그램 실행'을 입력합니다.

02 제목을 범위 지정한 후 [홈] 탭 – [글꼴] 그룹에서 글꼴은 바탕체, 글꼴크기는 50pt를 지정합니다.

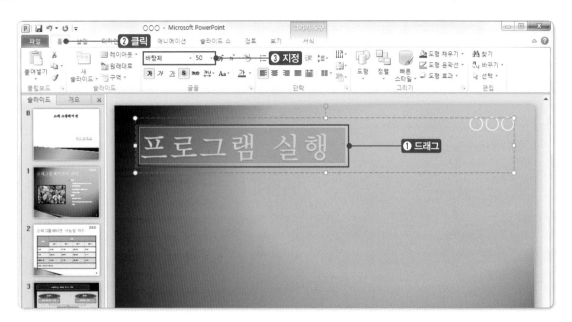

## 3 도형 작성하기

01 [삽입] 탭 – [일러스트레이션] 그룹에서 [도형]을 클릭한 후 [막힌 원호]를 클릭합니다.

02 십자 모양이 변경되면 대각선으로 드래그하여 도형을 작성합니다.

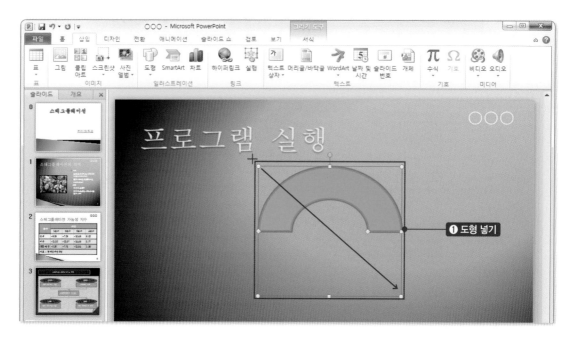

## 4 질감 지정하기

01 [그리기 도구] 탭 – [서식] 탭 – [도형 스타일] 그룹에서 [도형 채우기] – [질감] – [모래]를 클릭합니다.

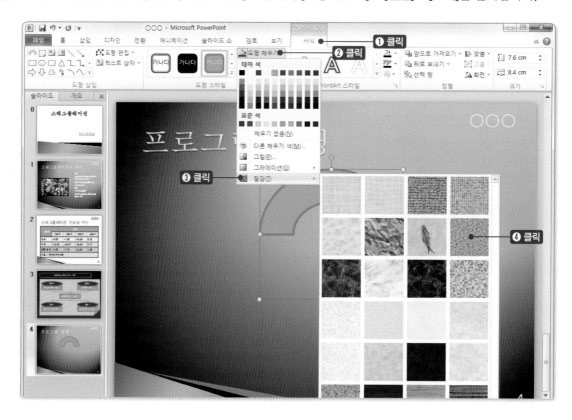

02 [그리기 도구] 탭 – [서식] 탭 – [크기] 그룹에서 '가로 세로 비율 고정' 체크 해제 확인 후 높이 8cm와 너비 8cm를 지정합니다.

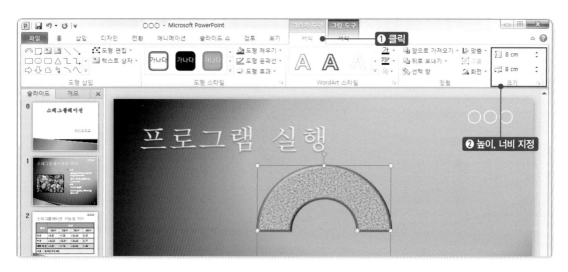

## 5 입체 효과 지정하기

01 [그리기 도구] 탭 – [서식] 탭 – [도형 스타일] 그룹에서 [도형 효과] – [입체 효과] – [3차원 옵션]을 클릭합니다.

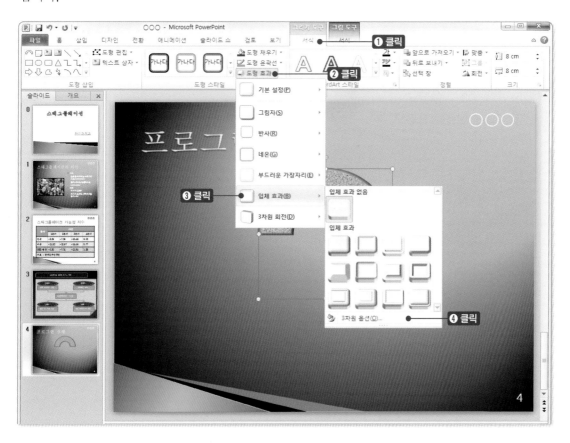

02 [그림 서식] 대화상자가 나타나면 위쪽 '둥글게' 선택한 후 깊이 72pt를 지정한 다음 [닫기] 단추를 클릭합니다.

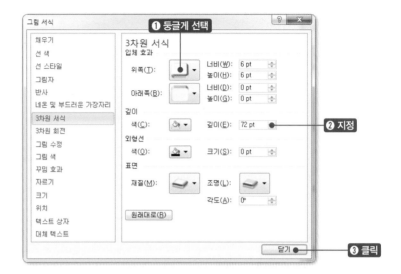

## 6 실행 설정 지정하기

01 [삽입] 탭 – [링크] 그룹에서 [실행]을 클릭합니다.

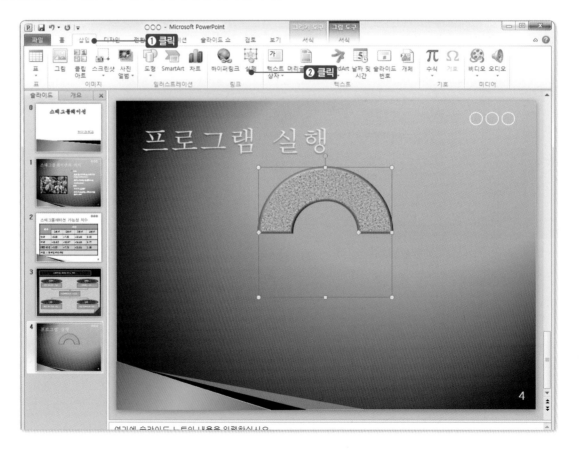

02 [실행 설정] 대화상자가 나타나면 [마우스를 위에 놓았을 때]를 클릭한 후 [프로그램 실행]을 선택한
다음 [찾아보기] 단추를 클릭합니다.

Tip 프로그램 실행란에 직접 'notepad.exe'를
입력하셔도 감정되지 않습니다.
(대소문자 구분 없습니다.)

03 [실행할 프로그램 선택] 대화상자가 나타나면 위치(C://Windows)를 지정한 후 'notepad' 파일을 클
릭한 다음 [확인] 단추를 클릭합니다.

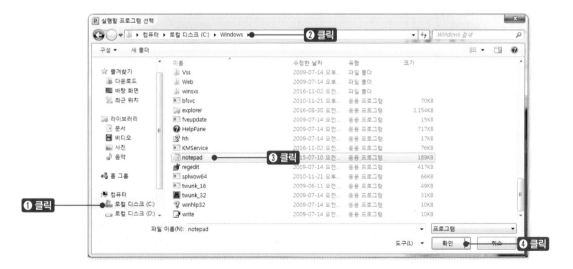

**04** [실행 설정] 대화상자가 다시 나타나면 [확인] 단추를 클릭합니다.

**05** 도형 선택 후 Ctrl + Shift 를 눌러서 드래그하여 도형을 복사한 후 [그리기 도구] 탭 – [서식] 탭 – [정렬] 그룹에서 [회전] – [상하 대칭]을 클릭합니다.

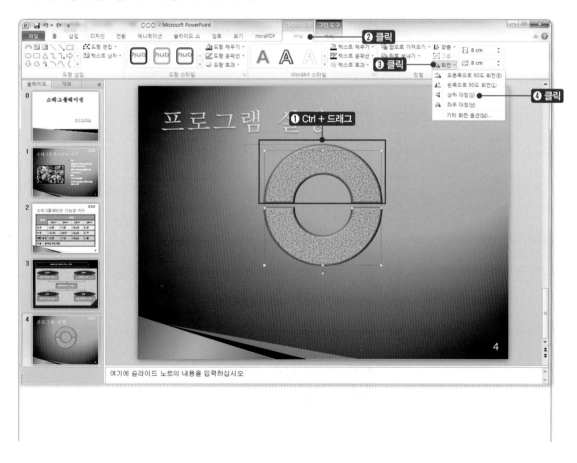

## 7 도형 그룹 지정하기

두 개의 도형을 선택한 후 마우스 오른쪽을 클릭하여 [그룹] – [그룹]을 클릭합니다.

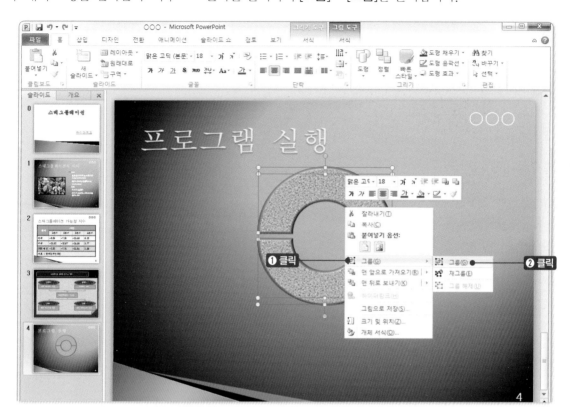

## 8 슬라이드 숨기기

[슬라이드 쇼] 탭 – [설정] 그룹에서 [슬라이드 숨기기]를 클릭합니다.

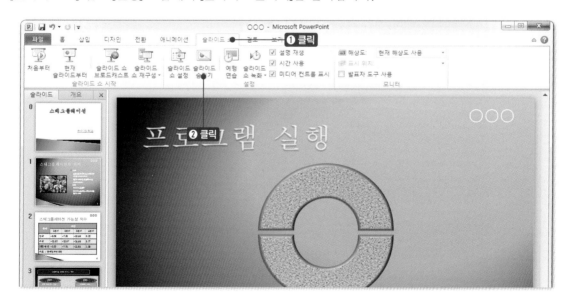

# 11 슬라이드 쇼 지정하기

**학습유형** ① 화면 전환 지정 ② 애니메이션 지정

【보 기 1】

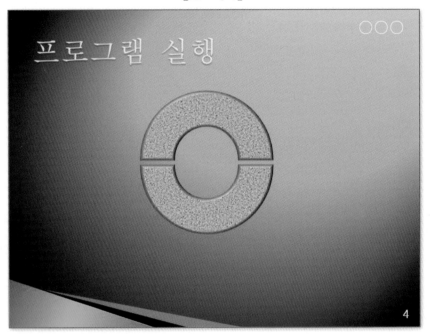

【보 기 2】

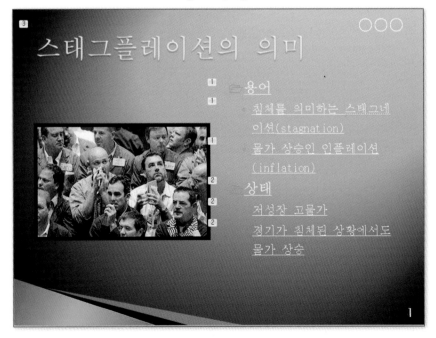

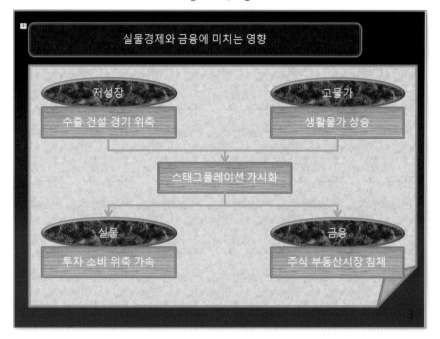
지금부터는 슬라이드를 꾸미는 작업입니다.
화면을 전환하고 슬라이드 각각 애니메이션을 지정하여 실무에서 발표를 할 수 있는지를 체크하는 문제입니다.

【보 기 3】

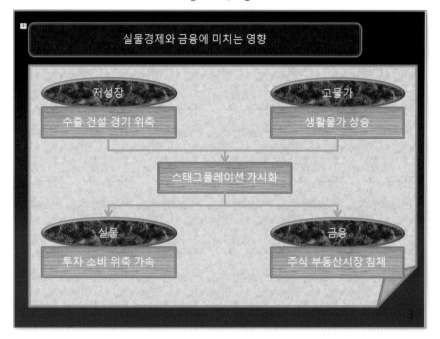

【처리사항】

■ **슬라이드 쇼 관련 기능 지정하기 배점 1번(8), 2번(10)**

1. 아래 조건에 맞는 화면 전환을 지정하시오.
   – 화면 전환 효과는 '밀어내기'로 지정
   – 효과 옵션은 '위에서'로 지정
   – 55초마다 자동으로만 전환되도록 지정
   – 모든 슬라이드에 지정

2. 아래 조건에 맞는 애니메이션을 지정하시오.
   1) 슬라이드 2번
   – 그림을 제외한 제목, 텍스트에 지정
   – 반드시 지정한 영역은 사용자 지정 애니메이션을 이용하여 '나타내기'에 있는 '나누기'로 지정
   – 효과 옵션은 '가로 안쪽으로' 지정(단, 효과 중복 지정 시 감점처리)
   – 애니메이션 순서는 텍스트, 제목 순으로 지정
   2) 슬라이드 4번
   – 그룹으로 지정된 도형 전체에 지정
   – 반드시 지정한 영역은 사용자 지정 애니메이션을 이용하여 '나타내기'에 있는 '흩어 뿌리기'로 지정
     (단, 효과 중복 지정 시 감점 처리)

# 1 화면 전환 지정하기

01 [전환] 탭 - [슬라이드 화면 전환] 그룹에서 [자세히]를 클릭합니다.

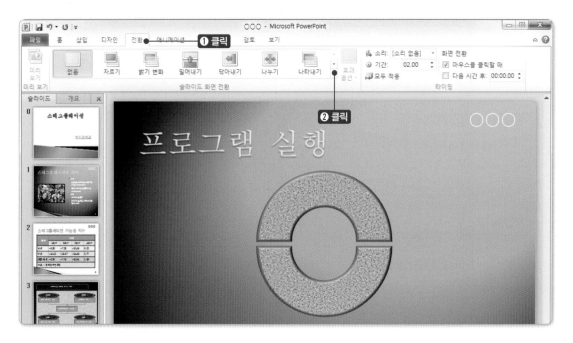

02 화면 전환 목록이 나타나면 [밀어내기]를 클릭합니다.

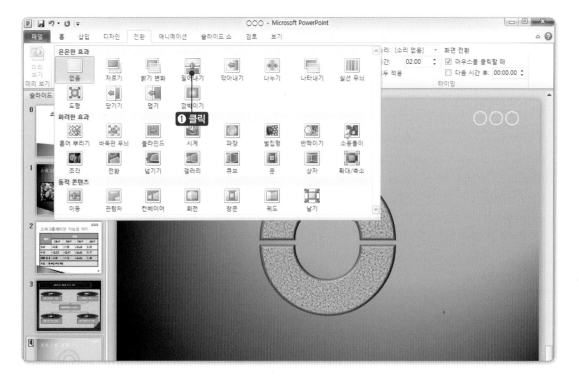

**03** 화면 전환이 적용되면 [효과 옵션] – [위에서]를 클릭합니다.

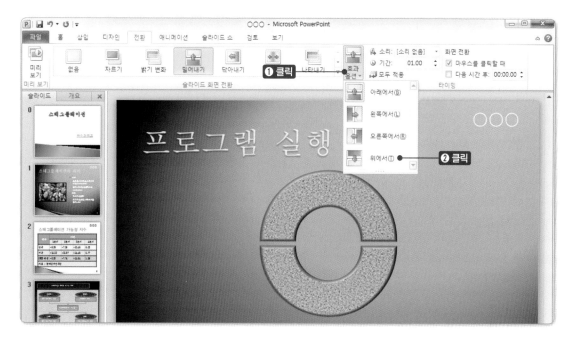

**04** [전환] 탭 – [타이밍] 그룹에서 [마우스를 클릭할 때]를 선택 해제한 후 [다음 시간 후]에 시간을 00:55.00으로 지정합니다.

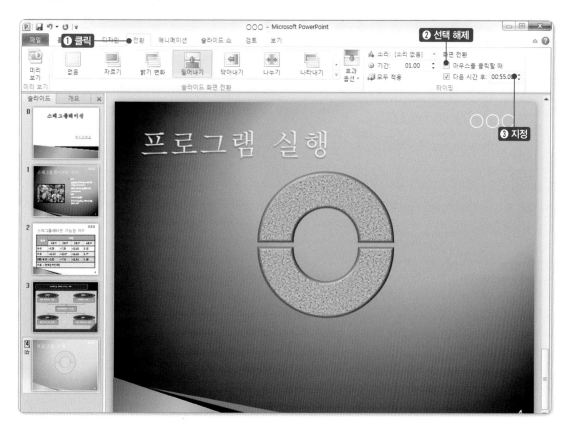

05 [전환] 탭 – [타이밍] 그룹에서 [모두 적용]을 클릭합니다.

## 2 애니메이션 지정하기

01 슬라이드 2번을 선택한 후 텍스트 상자를 선택한 다음 [애니메이션] 탭 – [애니메이션] 그룹에서 [자세히]
를 클릭하고 [추가 나타내기 효과]를 클릭합니다.

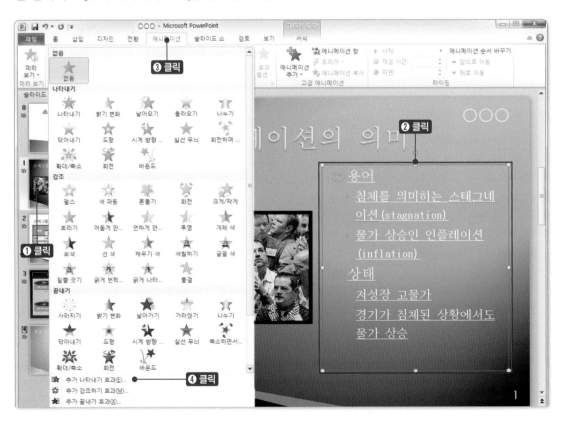

02 [나타내기 효과 변경] 대화상자가 나타나면 [기본 효과] – [나누기]를 클릭한 후 [확인] 단추를 클릭합니다.

03 [애니메이션] 탭 – [애니메이션] 그룹에서 [효과 옵션] – [가로 안쪽으로]를 클릭합니다.

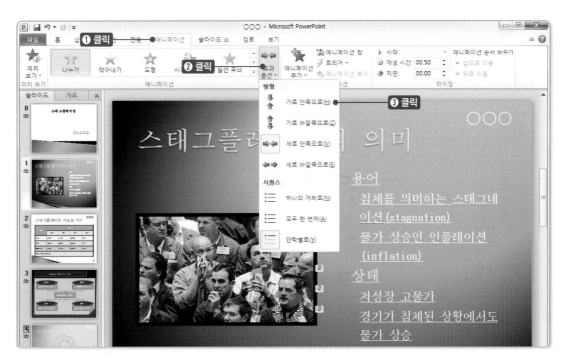

**04** 같은 방법으로 제목 텍스트 상자에 애니메이션을 지정합니다.

**05** 슬라이드 4번을 선택한 후 그룹 도형을 선택한 다음 [애니메이션] 탭 – [애니메이션] 그룹에서 [자세히]
– [추가 나타내기 효과]를 클릭합니다.

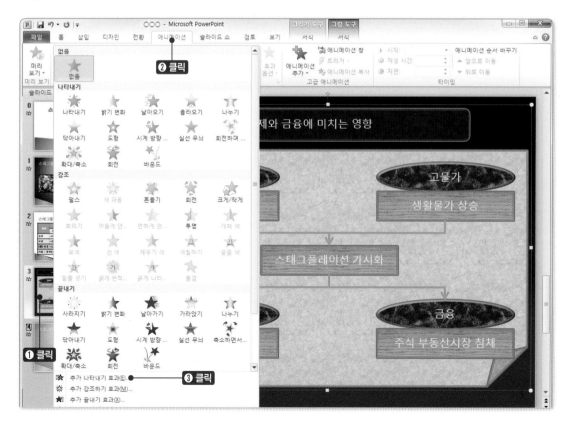

**06** [나타내기 효과 변경] 대화상자가 나타나면 [기본 효과] − [흩어 뿌리기]를 클릭한 후 [확인] 단추를 클릭합니다.

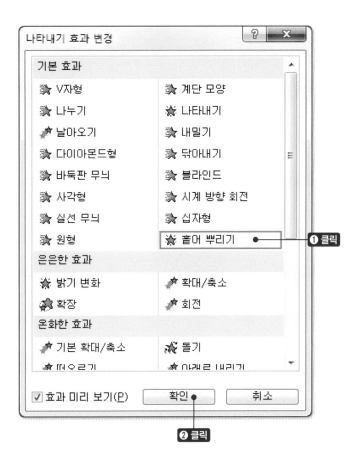

# 12 슬라이드 쇼 재구성하기

**학습유형** ① 슬라이드 쇼 재구성

## 【보 기 1】

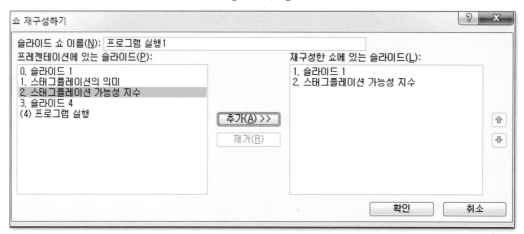

## 【보 기 2】

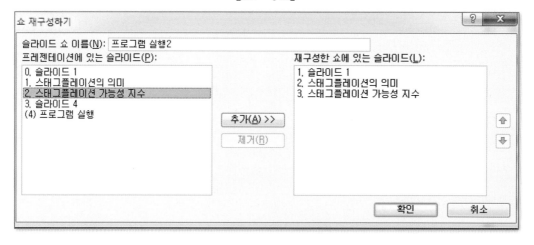

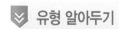

슬라이드 쇼를 진행할 슬라이드를 지정하는 문제입니다.
항상 첫 번째 슬라이드에서 설정을 하면 됩니다.

## 【처리사항】

### ■ 슬라이드 쇼 관련 기능 지정하기  배점 3번(9)

1. 쇼 재구성 기능을 이용하여 아래 조건에 맞게 슬라이드 쇼 재구성을 2개 작성하시오.
    – 첫 번째 재구성되는 슬라이드 쇼 이름은 '프로그램 실행1'로 지정하고, 재구성 목록에 슬라이드 1번과 슬라이드 3번을 지정
    – 두 번째 재구성되는 슬라이드 쇼 이름은 '프로그램 실행2'로 지정하고, 재구성 목록에 슬라이드 1번과 슬라이드 2번, 슬라이드 3번을 지정

## 1 슬라이드 쇼 재구성하기

01 첫 번째 슬라이드에서 [슬라이드 쇼] 탭 – [슬라이드 쇼 시작] 그룹에서 [슬라이드 쇼 재구성] – [쇼 재구성]을 클릭합니다.

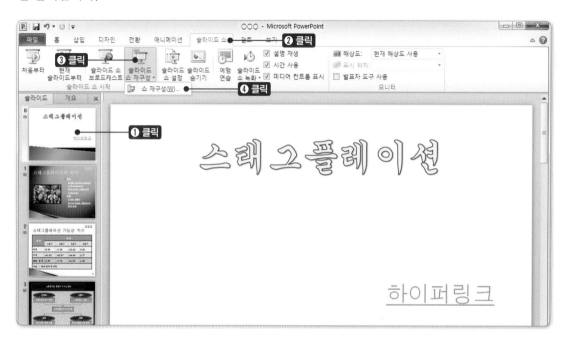

02 [쇼 재구성] 대화상자가 나타나면 [새로 만들기] 단추를 클릭합니다.

03 슬라이드 쇼 이름을 '프로그램 실행1'로 입력한 후 프레젠테이션에 있는 슬라이드 목록에서 슬라이드 1번을 선택한 다음 [추가] 단추를 클릭합니다.

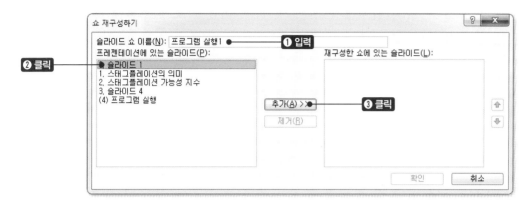

04 슬라이드 3번을 선택한 후 [추가] 단추를 클릭합니다.

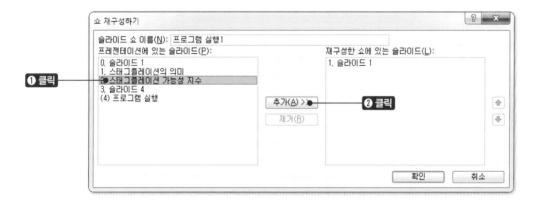

05 슬라이드 쇼 재구성이 완료되면 [확인] 단추를 클릭합니다.

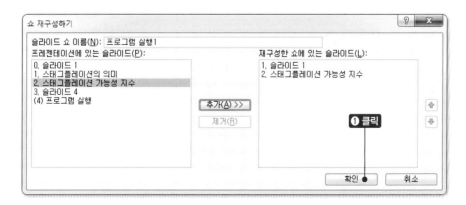

06 [쇼 재구성] 대화상자가 다시 나타나면 [새로 만들기] 단추를 클릭합니다.

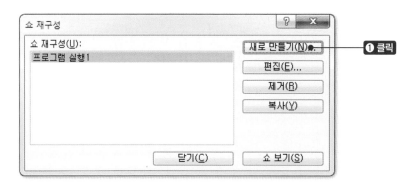

07 슬라이드 쇼 이름을 '프로그램 실행2'로 입력한 후 프레젠테이션에 있는 슬라이드 목록에서 슬라이드 1번을 선택한 다음 [추가] 단추를 클릭합니다.

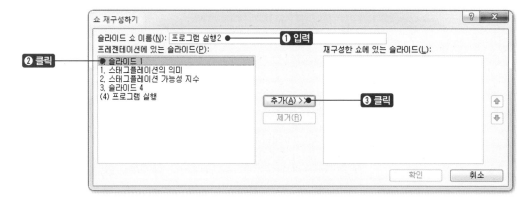

**08** 슬라이드 2번, 3번도 위와 같은 방법으로 추가를 한 다음 [확인] 단추를 클릭합니다.

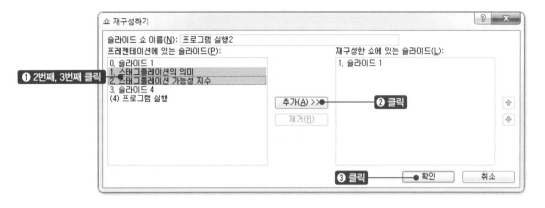

**09** [쇼 재구성] 대화상자가 다시 나타나면 [닫기] 단추를 클릭합니다.

# 13 슬라이드 노트와 유인물 편집하기

**학습유형** ① 슬라이드 노트 작성 ② 유인물 마스터 작성

**【답안 슬라이드 노트】**

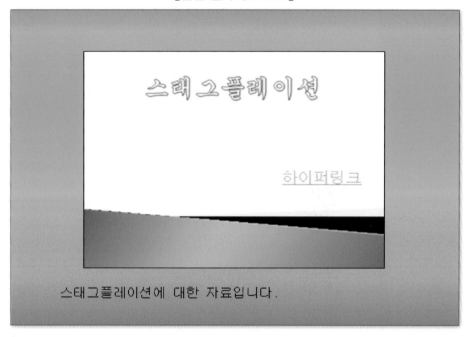

**【답안 유인물 마스터】**

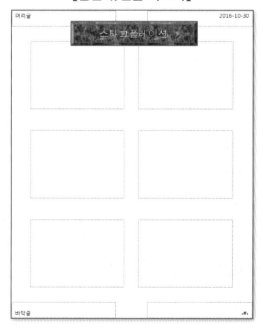

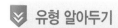 

슬라이드 노트를 이용하여 슬라이드를 설명하는 방법 및 유인물 마스터를 이용하여
도형 삽입 후 내용 입력, 설정을 하는 방법을 묻는 문제입니다. 각각 15점씩 총 30점을 쉽게 받을 수 있습니다.

## 【처리사항】

### ■ 슬라이드 노트와 유인물 편집하기  배점 1번(15), 2번(15)

1. [보기] 메뉴의 [슬라이드 노트]를 이용하여 아래와 같은 조건으로 작성하시오.

1) 슬라이드 1 노트

– 입력 내용 : 스태그플레이션에 대한 자료입니다.

– 글꼴은 굴림체, 글꼴크기는 16pt로 지정

– 슬라이드 노트 배경에서 그라데이션 채우기의 기본 설정 색은 '광택'으로 지정

2. [보기] 메뉴의 [유인물 마스터]를 이용하여 아래와 같은 조건으로 작성하시오.

1) 유인물의 제목을 그리기 도구모음으로 작성하시오.

– '빗면' 도형을 유인물의 상단에 그리고, 도형의 질감은 녹색 대리석으로 지정하고, '스태그플레이션'
을 입력

– '빗면' 도형 크기는 너비 10cm, 높이 2cm로 지정

– 글꼴은 돋움체, 글꼴크기는 22pt, 글꼴효과는 텍스트 그림자

## 1 슬라이드 노트 작성하기

01 슬라이드 1에서 [보기] 탭 – [프레젠테이션 보기] 그룹에서 [슬라이드 노트]를 클릭합니다.

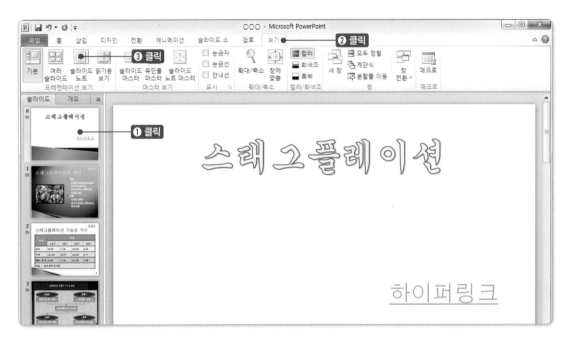

02 슬라이드 노트 편집화면에서 '스태그플레이션에 대한 자료입니다.'를 입력합니다.

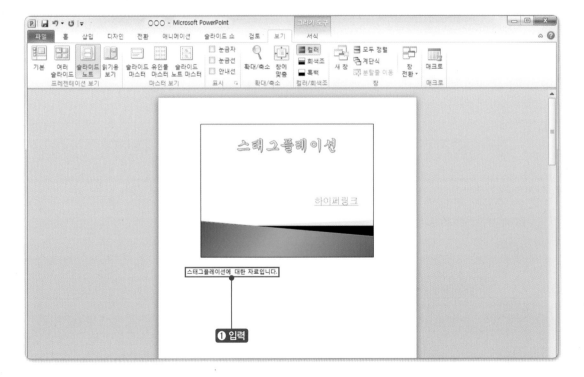

03 입력한 내용을 범위 지정한 후 [홈] 탭 - [글꼴] 그룹에서 글꼴은 굴림체, 글꼴크기는 16pt를 지정합니다.

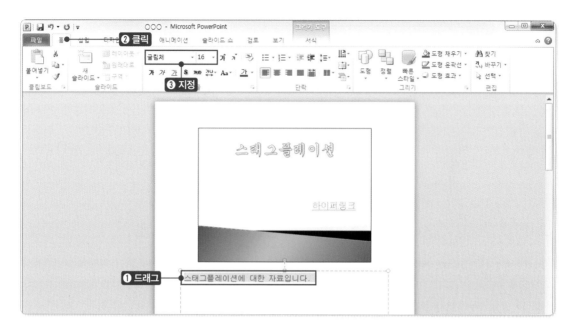

04 슬라이드 노트 편집 화면의 빈 공간에서 마우스 오른쪽을 클릭하여 [배경 서식]을 클릭합니다.

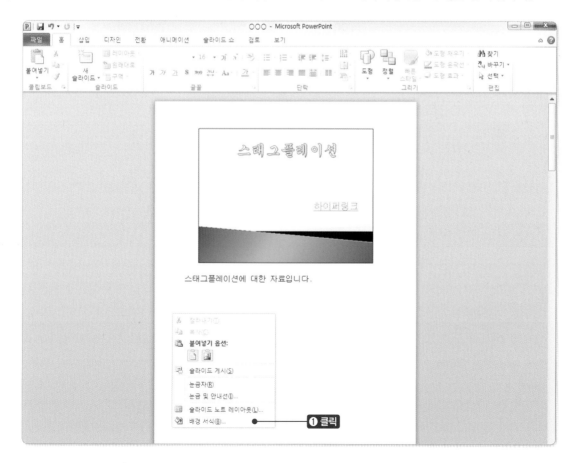

**05** [배경 서식] 대화상자가 나타나면 [그라데이션 채우기]를 선택한 후 기본 설정 색을 '광택'으로 선택한 다음 [닫기] 단추를 클릭합니다.

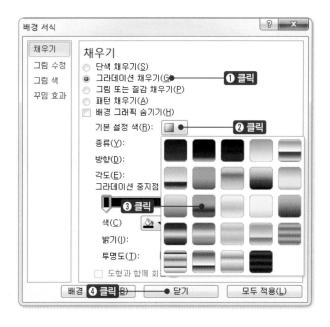

## 2 유인물 마스터 작성하기

**01** [보기] 탭 – [마스터 보기] 그룹에서 [유인물 마스터]를 클릭합니다.

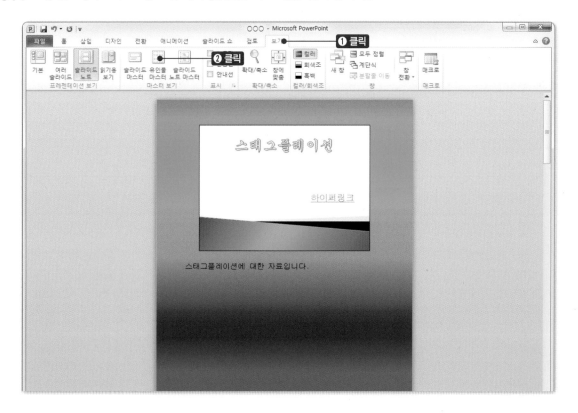

**02** 유인물 마스터 편집 화면이 나타나면 [삽입] 탭 – [일러스트레이션] 그룹에서 [도형] – [빗면]을 클릭합니다.

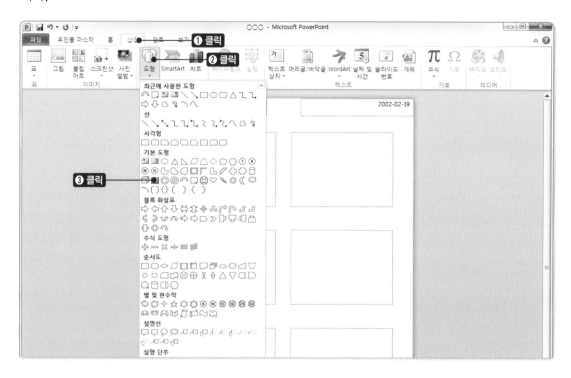

**03** 십자 모양이 변경되면 대각선으로 드래그하여 도형을 작성합니다.

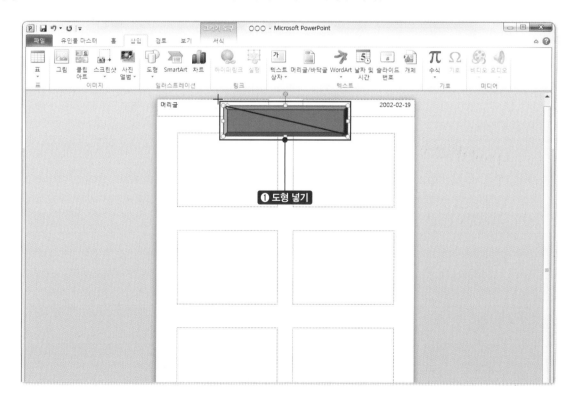

04 [그리기 도구] 탭 – [서식] 탭 – [도형 스타일] 그룹에서 [도형 채우기] – [질감] – [녹색 대리석]을 클릭합니다.

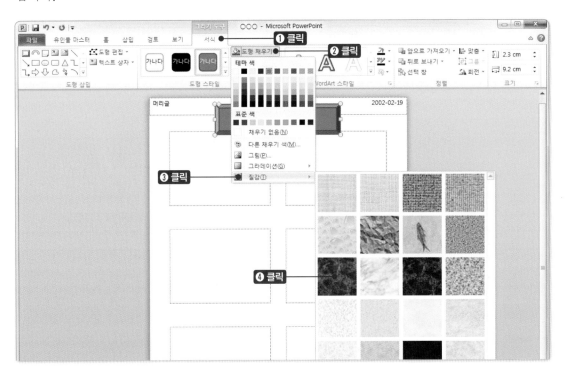

05 '스태그플레이션'을 입력합니다.

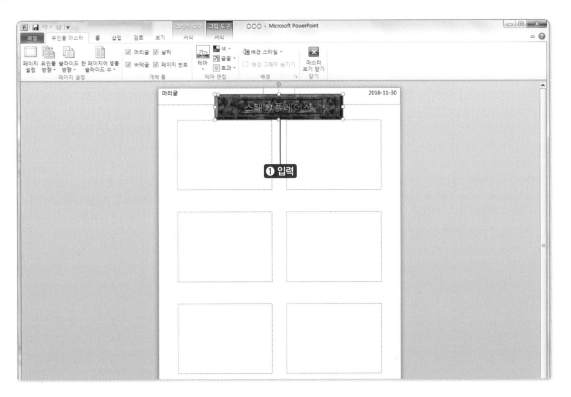

06 도형을 선택하여 마우스 오른쪽을 클릭한 후 [그림 서식] – [크기]에서 '가로 세로 비율 고정'에 체크가 해제되었는지 확인합니다.

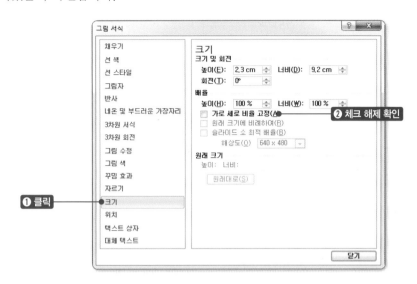

07 높이 2cm, 너비 10cm를 지정한 후 [닫기]를 클릭합니다.

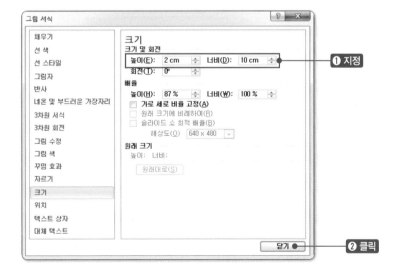

**08** 텍스트를 범위 지정한 후 [홈] 탭 – [글꼴] 그룹에서 글꼴은 돋움체, 글꼴크기는 22pt를 지정한 다음 [텍스트 그림자]를 클릭합니다.

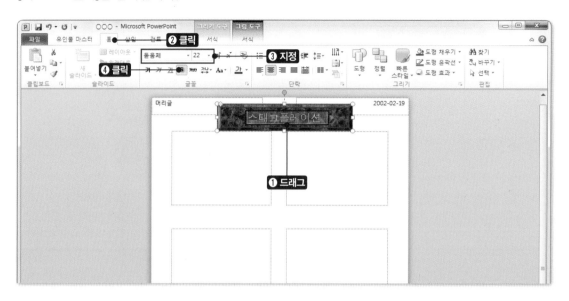

**09** 유인물 마스터 작성이 완료되면 [유인물 마스터] 탭 – [닫기] 그룹에서 [마스터 보기 닫기]를 클릭합니다.

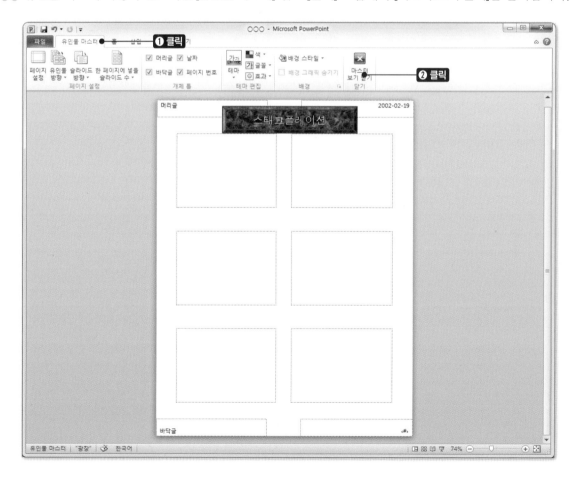

PART 02

# 실전
# 모의고사

# 제1회 실전모의고사

## ※ 답안 작성 시 주의사항
- 답안문서 파일명은 응시자의 이름으로 저장하십시오.
- 파워포인트의 기능들을 이용하여 [처리사항]대로 답안문서를 작성하십시오 ([보기 슬라이드]를 참고하시오).
- 반드시 주어진 이미지 자료를 이용하여 답안문서를 작성하십시오 (주어진 이미지 자료 외 다른 자료 이용 시 감점 처리됩니다).
- 워드아트, 표 등을 처리사항에서 지시한 개수 이상 여러 개 작성한 경우 감점 처리됩니다.
- 문제에서 지시한 슬라이드의 순서가 바뀌는 경우 감점요인이 됩니다.
- 서로 다른 처리사항을 같은 위치에 작성한 경우 감점요인이 됩니다 (예) 슬라이드 2의 텍스트 부분에 제목과 텍스트 내용까지 입력한 경우 등).
- 워드아트 또는 텍스트 상자 등을 처리사항에서 지시한 개수 이상 여러 개 작성한 경우 감점요인이 됩니다.
- 문제에서 지시하지 않은 사항은 프로그램의 기본 설정 값으로 지정하십시오.
- 문제에서 별도의 지시사항이 없는 경우, 글자 입력은 텍스트 상자를 원칙으로 합니다.

## ※ 제공 이미지
- 주어진 이미지 자료를 이용하여 답안문서를 작성하시오.
  (첨부파일보기 클릭 시 이미지 자료 페이지 열림)

| 【보기】 | 【처리사항】 |
|---|---|

## ※ 디자인 서식 지정과 마스터 편집하기

배점 1번(5), 2번(11), 3번(14)

1. 전체 슬라이드의 디자인 테마는 모든 슬라이드에 '오렌지'를 적용하시오.

2. 마스터 기능을 이용하여 슬라이드 **상단 오른쪽**에 '○○○'을 입력하시오.
   1) 오렌지 슬라이드 마스터에 작성
   2) 텍스트 상자를 이용하여 '○○○'에는 응시자 본인의 이름을 입력
   3) 글꼴은 돋움체, 글꼴 크기는 26pt로 지정

3. 슬라이드 번호를 삽입하시오.
   1) 머리글/바닥글 기능을 이용하여 슬라이드 삽입 시 자동으로 추가 되게 지정
   2) 제목 슬라이드를 제외한 모든 슬라이드의 **하단 오른쪽**에 작성
   3) 글꼴 크기는 20pt로 지정
   4) 슬라이드 시작 번호는 0으로 지정

## ※ 슬라이드 작성하기

【보기 – 슬라이드 1】

### 1. 슬라이드 1 : 배점 1)번(5), 2)번(15), 3)번(7)

1) 새 슬라이드를 '제목 슬라이드'로 지정하시오.
2) 워드아트를 이용하여 제목은 '반사회성 인격장애'로 [보기 슬라이드]와 같이 작성하시오.
   - WordArt는 '채우기–연한 노랑, 텍스트2, 윤곽선–배경2'로 지정
   - 글꼴은 굴림체, 글꼴 크기는 60pt로 지정
   - 워드아트의 크기는 너비 19cm, 높이 3cm로 지정
3) [보기 슬라이드]와 같이 부제목에 '하이퍼링크'를 입력하고, e-Test 홈페이지를 하이퍼링크로 지정하시오.
   (e-Test 홈페이지 : http://www.e-test.co.kr)
   - 글꼴은 돋움체, 글꼴 크기는 37pt로 지정

【보기 – 슬라이드 2】

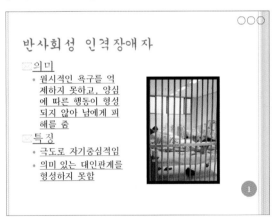

### 2. 슬라이드 2 : 배점 1)번(5), 2)번(3), 3)번(10), 4)번(1), 5)번(3), 6)번(30)

1) 새 슬라이드를 '콘텐츠 2개' 슬라이드로 추가하시오.
2) 제목은 '반사회성 인격장애자'로 입력하시오.
   - 글꼴은 궁서체, 글꼴 크기는 38pt로 지정
3) [보기 슬라이드]와 같이 내용을 첫째 수준과 둘째 수준으로 입력하시오.

> 의미
> > 원시적인 욕구를 억제하지 못하고, 양심에 따른 행동이 형성되지 않아 남에게 피해를 줌
> 특징
> > 극도로 자기중심적임
> > 의미 있는 대인관계를 형성하지 못함

   - 글꼴은 바탕체, 글꼴 크기는 첫째 수준은 30pt, 둘째 수준은 23pt, 글꼴효과는 밑줄
4) 입력한 내용의 줄 간격은 고정 30pt로 지정하시오.
5) 글머리 기호 및 번호 매기기를 이용하여 입력한 내용의 첫째 수준 글머리 기호를 [보기 슬라이드]와 같이 작성하시오.
   - 글머리 기호의 모양은 ☒, 크기는 90%로 지정
6) [삽입] 메뉴의 [그림]을 이용하여 주어진 '파워제공이미지'를 [보기 슬라이드]와 같이 문자열의 오른쪽에 삽입하시오.
   - 그림의 크기는 너비 7cm, 높이 10cm로 지정

【보기 - 슬라이드 3】

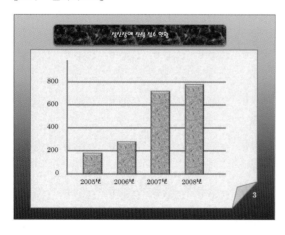

**3. 슬라이드 3 : 배점 1)번(5), 2)번(3), 3)번(30)**

1) 새 슬라이드를 '제목 및 내용' 슬라이드로 추가하시오.
2) 제목은 '진단기준'으로 입력하시오.
   – 글꼴은 돋움체, 글꼴 크기는 42pt로 지정
3) 7행 5열의 표를 작성하고, 아래의 조건대로 작성하시오.
   (반드시 표 형식이 유지되어야 함)
   – 아래 지정된 셀을 각각 셀 병합 지정
   1행 1열 ~ 2행 1열 셀 병합
   1행 2열 ~ 2행 2열 셀 병합
   1행 3열 ~ 1행 4열 셀 병합
   1행 5열 ~ 2행 5열 셀 병합
   3행 5열 ~ 7행 5열 셀 병합
   – 표 전체에 [보기 슬라이드]와 같이 내용을 입력하고, 글꼴은
   바탕체, 글꼴 크기는 22pt로 지정
   – 아래의 조건대로 셀 맞춤 지정
   표 전체 : [표 도구]-[레이아웃] 메뉴 [맞춤] 그룹의 세로 가운데 맞춤
   1열 : [표 도구]-[레이아웃] 메뉴 [맞춤] 그룹의 가운데 맞춤
   3~5열 : [표 도구]-[레이아웃] 메뉴 [맞춤] 그룹의 가운데 맞춤
   – 1행과 2행의 채우기는 질감의 '모래'로 지정
   – 표 전체의 안쪽 세로 테두리는 파선, 안쪽 가로 테두리와 바
   깥쪽 테두리는 실선으로 지정
   – 표 전체 바깥쪽 테두리는 6pt 실선으로 지정

【보기 - 슬라이드 4】

**4. 슬라이드 4 : 배점 1)번(5), 2)번(54), 3)번(10)**

1) 새 슬라이드를 '빈 화면' 슬라이드로 추가하시오.
2) 그리기 도구모음을 이용하여 아래 조건에 맞게 [보기 슬라이드]
   와 같이 작성하시오.
   – 모서리가 둥근 직사각형 도형을 1개 그리고, 면의 질감은 밤
   색 대리석을 지정하고, 그림자는 '바깥쪽, 오프셋 아래쪽'을
   적용, '정신장애 진정 접수 현황'을 입력
   – 모서리가 접힌 도형을 1개 그리고, 면의 질감은 파랑 박엽지
   로 지정
   – 선의 종류가 실선이고, 너비가 4pt인 선 6개 그리기
   – 직사각형 도형을 4개 그리고, 면의 질감은 코르크로 지정하
   고, 3차원 서식으로 입체 효과의 위쪽 '둥글게'를 적용
   – 가로 텍스트 상자를 9개 그리고, '800', '600', '400', '200', '0',
   '2005년', '2006년', '2007년', '2008년'을 각각 입력
   – 작성된 모든 도형은 [보기 슬라이드]와 같이 배열하고, 그룹으
   로 지정하고, 크기는 너비 22cm, 높이 17cm로 지정
3) 슬라이드의 배경에서 배경 그래픽 숨기기를 지정하고 그라데이
   션 채우기의 기본 설정 색은 '마호가니'로 지정하시오.

【보기 – 슬라이드 5】

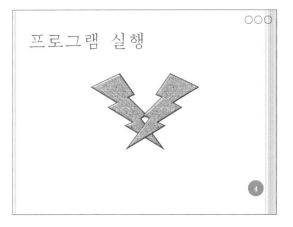

5. 슬라이드 5 : 배점 1)번(5), 2)번(3), 3)번(16), 4)번(3)

1) 새 슬라이드를 '제목만' 슬라이드로 추가하시오.
2) 제목은 '프로그램 실행'으로 입력하시오.
 – 글꼴은 바탕체, 글꼴 크기는 49pt로 지정
3) 도형을 작성하여 실행 설정을 지정하시오.
 – 그리기 도구 모음의 '번개' 도형을 그리고, 면의 질감은 돗자리로 지정하고, 너비 7cm, 높이 7cm로 작성
 – 작성된 '번개' 도형은 3차원 서식으로 입체 효과의 위쪽 '둥글게'와 깊이 36pt를 지정
 – 슬라이드 쇼 실행 시, 마우스를 '번개' 도형 위에 놓았을 때 메모장 프로그램(NOTEPAD.EXE)이 실행되도록 실행 설정을 지정
 – 실행 설정이 지정된 '번개' 도형을 복사하여 좌우 대칭 지정
 – 작성된 두 개의 '번개' 도형을 그룹으로 지정
4) 슬라이드 5를 숨기기로 지정하시오.

## ■ 슬라이드 쇼 관련 기능 지정하기

배점 1번(8), 2번(10), 3번(9)

1. 아래 조건에 맞는 화면 전환을 지정하시오.
 – 화면 전환 효과는 '덮기'
 – 효과 옵션은 '아래에서'로 지정
 – 50초마다 자동으로만 전환되도록 지정
 – 모든 슬라이드에 지정

2. 아래 조건에 맞는 애니메이션을 지정하시오.
 1) 슬라이드 2번
 – 그림을 제외한 제목, 텍스트에 지정
 – 반드시 지정한 영역은 애니메이션을 이용하여 '나타내기'에 있는 '내밀기'로 지정
 – 효과 옵션은 '왼쪽에서'로 지정(단, 효과 중복 지정 시 감점처리)
 – 애니메이션 순서는 텍스트, 제목 순으로 지정
 2) 슬라이드 4번
 – 그룹으로 지정된 도형 전체에 지정
 – 반드시 지정한 영역은 애니메이션을 이용하여 '나타내기'에 있는 '휘돌아 나타내기'로 지정(단, 효과 중복 지정 시 감점처리)
3. 쇼 재구성 기능을 이용하여 아래 조건에 맞게 슬라이드 쇼 재구성을 2개 작성하시오.
 – 첫 번째 재구성되는 슬라이드 쇼 이름은 '프로그램 실행1'로 지정하고, 재구성 목록에 슬라이드 1번과 슬라이드 3번을 지정
 – 두 번째 재구성되는 슬라이드 쇼 이름은 '프로그램 실행2'로 지정하고, 재구성 목록에 슬라이드 1번과 슬라이드 4번, 슬라이드 5번을 지정

## ▧ 슬라이드 노트와 유인물 편집하기

배점 1번(15), 2번(15)

【보기 – 슬라이드 노트】

1. [보기] 메뉴의 [슬라이드 노트]를 이용하여 아래와 같은 조건으로 작성하시오.
   1) 슬라이드 1 노트
      - 입력 내용 : 반사회성 인격장애에 대한 자료입니다.
      - 글꼴은 돋움체, 글꼴 크기는 15pt로 지정
      - 슬라이드 노트 배경에서 그라데이션 채우기의 기본 설정 색은 '불'로 지정

【보기 – 유인물 마스터】

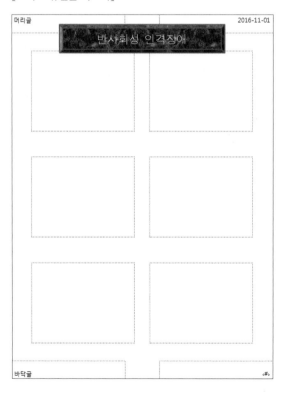

2. [보기] 메뉴의 [유인물 마스터]를 이용하여 아래와 같은 조건으로 작성하시오.
   1) 유인물의 제목을 그리기 도구모음으로 작성하시오.
      - '빗면' 도형을 유인물의 상단에 그리고, 도형의 질감은 밤색 대리석으로 지정하고, '반사회성 인격장애'를 입력
      - '빗면' 도형 크기는 너비 12cm, 높이 2cm로 지정
      - 글꼴은 돋움체, 글꼴 크기는 22pt, 글꼴효과는 텍스트 그림자로 지정

# 제2회 실전모의고사

## ※ 답안 작성 시 주의사항

- 답안문서 파일명은 응시자의 이름으로 저장하십시오.
- 파워포인트의 기능들을 이용하여 [처리사항]대로 답안문서를 작성하십시오 ([보기 슬라이드]를 참고하시오).
- 반드시 주어진 이미지 자료를 이용하여 답안문서를 작성하십시오 (주어진 이미지 자료 외 다른 자료 이용 시 감점 처리됩니다).
- 워드아트, 표 등을 처리사항에서 지시한 개수 이상 여러 개 작성한 경우 감점 처리됩니다.
- 문제에서 지시한 슬라이드의 순서가 바뀌는 경우 감점요인이 됩니다.
- 서로 다른 처리사항을 같은 위치에 작성한 경우 감점요인이 됩니다 (예) 슬라이드 2의 텍스트 부분에 제목과 텍스트 내용까지 입력한 경우 등).
- 워드아트 또는 텍스트 상자 등을 처리사항에서 지시한 개수 이상 여러 개 작성한 경우 감점요인이 됩니다.
- 문제에서 지시하지 않은 사항은 프로그램의 기본 설정 값으로 지정하십시오.
- 문제에서 별도의 지시사항이 없는 경우, 글자 입력은 텍스트 상자를 원칙으로 합니다.

## ※ 제공 이미지

- 주어진 이미지 자료를 이용하여 답안문서를 작성하시오.
  (첨부파일보기 클릭 시 이미지 자료 페이지 열림)

| 【보기】 | 【처리사항】 |
|---|---|

## ※ 디자인 서식 지정과 마스터 편집하기

배점 1번(5), 2번(11), 3번(14)

1. 전체 슬라이드의 디자인 테마는 모든 슬라이드에 '광장'을 적용하시오.

2. 마스터 기능을 이용하여 슬라이드 **상단 오른쪽**에 '○○○'을 입력하시오.
   1) 광장 슬라이드 마스터에 작성
   2) 텍스트 상자를 이용하여 '○○○'에는 응시자 본인의 이름을 입력
   3) 글꼴은 바탕체, 글꼴 크기는 27pt로 지정

3. 슬라이드 번호를 삽입하시오.
   1) 머리글/바닥글 기능을 이용하여 슬라이드 삽입 시 자동으로 추가 되게 지정
   2) 모든 슬라이드의 **하단 오른쪽**에 작성
   3) 글꼴 크기는 25pt로 지정
   4) 슬라이드 시작 번호는 11로 지정

## ※ 슬라이드 작성하기

1. 슬라이드 1 : 배점 1)번(5), 2)번(15), 3)번(7)

【보기 – 슬라이드 1】

1) 새 슬라이드를 '제목 슬라이드'로 지정하시오.
2) 워드아트를 이용하여 제목은 '스태그플레이션'으로 [보기 슬라이드]와 같이 작성하시오.
   – WordArt는 '채우기-연한 옥색, 텍스트2, 윤곽선-배경2'로 지정
   – 글꼴은 궁서체, 글꼴 크기는 60pt로 지정
   – 워드아트의 크기는 너비 16cm, 높이 3cm로 지정
3) [보기 슬라이드]와 같이 부제목에 '하이퍼링크'를 입력하고, e-Test 홈페이지를 하이퍼링크로 지정하시오.
   (e-Test 홈페이지 : http://www.e-test.co.kr)
   – 글꼴은 돋움체, 글꼴 크기는 37pt로 지정

2. 슬라이드 2 : 배점 1)번(5), 2)번(3), 3)번(10), 4)번(1), 5)번(3), 6)번 (30)

【보기 – 슬라이드 2】

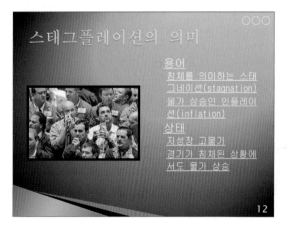

1) 새 슬라이드를 '콘텐츠 2개' 슬라이드로 추가하시오.
2) 제목은 '스태그플레이션의 의미'로 입력하시오.
   – 글꼴은 바탕체, 글꼴 크기는 45pt로 지정
3) [보기 슬라이드]와 같이 내용을 첫째 수준과 둘째 수준으로 입력하시오.

> 용어
> 　침체를 의미하는 스태그네이션(stagnation)
> 　물가 상승인 인플레이션(inflation)
> 상태
> 　저성장 고물가
> 　경기가 침체된 상황에서도 물가 상승

   – 글꼴은 굴림체, 글꼴 크기는 첫째 수준은 30pt, 둘째 수준은 25pt, 글꼴효과는 밑줄
4) 입력한 내용의 줄 간격은 고정 32pt로 지정하시오.
5) 글머리 기호 및 번호 매기기를 이용하여 입력한 내용의 첫째 수준 글머리 기호를 [보기 슬라이드]와 같이 작성하시오.
   – 글머리 기호의 모양은 📁, 크기는 80%로 지정
6) [삽입] 메뉴의 [그림]을 이용하여 주어진 '파워제공이미지'를 [보기 슬라이드]와 같이 문자열의 **왼쪽**에 삽입하시오.
   – 그림의 크기는 너비 11cm, 높이 7cm로 지정

【보기 - 슬라이드 3】

## 3. 슬라이드 3 : 배점 1)번(5), 2)번(3), 3)번(30)

1) 새 슬라이드를 '제목 및 내용' 슬라이드로 추가하시오.
2) 제목은 '스태그플레이션 가능성 지수'로 입력하시오.
  – 글꼴은 돋움체, 글꼴 크기는 42pt로 지정
3) 6행 5열의 표를 작성하고, 아래의 조건대로 작성하시오.
  (반드시 표 형식이 유지되어야 함)
  – 아래 지정된 셀을 각각 셀 병합 지정
  1행 1열 ~ 2행 1열 셀 병합
  1행 2열 ~ 1행 5열 셀 병합
  6행 1열 ~ 6행 5열 셀 병합
  – 표 전체에 [보기 슬라이드]와 같이 내용을 입력하고, 글꼴은 궁서체, 글꼴 크기는 25pt로 지정
  – 아래의 조건대로 셀 맞춤 지정
  표 전체 : [표 도구]–[레이아웃] 메뉴 [맞춤] 그룹의 세로 가운데 맞춤
  1행 : [표 도구]–[레이아웃] 메뉴 [맞춤] 그룹의 가운데 맞춤
  2행 : [표 도구]–[레이아웃] 메뉴 [맞춤] 그룹의 가운데 맞춤
  – 5행의 채우기는 질감의 '분홍 박엽지'로 지정
  – 표 전체의 안쪽 세로 테두리는 파선, 안쪽 가로 테두리와 바깥쪽 테두리는 실선으로 지정
  – 표 전체 바깥쪽 테두리는 3pt 실선으로 지정

【보기 - 슬라이드 4】

## 4. 슬라이드 4 : 배점 1)번(5), 2)번(54), 3)번(10)

1) 새 슬라이드를 '빈 화면' 슬라이드로 추가하시오.
2) 그리기 도구모음을 이용하여 아래 조건에 맞게 [보기 슬라이드]와 같이 작성하시오.
  – 모서리가 둥근 직사각형 도형을 1개 그리고, 면의 질감은 자주 편물로 지정하고, 그림자는 '바깥쪽, 오프셋 위쪽'을 적용, '실물경제와 금융에 미치는 영향'을 입력
  – 모서리가 접힌 도형을 1개 그리고, 면의 질감은 분홍 박엽지로 지정
  – 타원 도형을 4개 그리고, 면의 질감은 밤색 대리석으로 지정하고, 3차원 서식으로 입체 효과의 위쪽 '둥글게'를 적용, '저성장', '고물가', '실물', '금융'을 각각 입력
  – 직사각형 도형을 5개 그리고, 면의 질감은 오크로 지정하고, '수출 건설 경기 위축', '생활물가 상승', '스태그플레이션 가시화', '투자 소비 위축 가속', '주식 부동산시장 침체'를 각각 입력
  – 선의 종류가 실선이고, 너비가 4pt인 꺾인 화살표 연결선 4개 그리기
  – 작성된 모든 도형은 [보기 슬라이드]와 같이 배열하고, 그룹으로 지정하고, 크기는 너비 24cm, 높이 17cm로 지정
3) 슬라이드의 배경에서 배경 그래픽 숨기기를 지정하고 그라데이션 채우기의 기본 설정 색은 '밤의 어둠'으로 지정하시오.

【보기 – 슬라이드 5】

**5. 슬라이드 5 : 배점 1)번(5), 2)번(3), 3)번(16), 4)번(3)**

1) 새 슬라이드를 '제목만' 슬라이드로 추가하시오.
2) 제목은 '프로그램 실행'으로 입력하시오.
 – 글꼴은 바탕체, 글꼴 크기는 50pt로 지정
3) 도형을 작성하여 실행 설정을 지정하시오.
 – 그리기 도구 모음의 '막힌 원호' 도형을 그리고, 면의 질감은 모래로 지정하고, 너비 8cm, 높이 8cm로 작성
 – 작성된 '막힌 원호' 도형은 3차원 서식으로 입체 효과의 위쪽 '둥글게'와 깊이 72pt를 지정
 – 슬라이드 쇼 실행 시, 마우스를 '막힌 원호' 도형 위에 놓았을 때 메모장 프로그램(NOTEPAD.EXE)이 실행되도록 실행 설정을 지정
 – 실행 설정이 지정된 '막힌 원호' 도형을 복사하여 상하 대칭 지정
 – 작성된 두 개의 '막힌 원호' 도형을 그룹으로 지정
4) 슬라이드 5를 숨기기로 지정하시오.

## ■ 슬라이드 쇼 관련 기능 지정하기

배점 1번(8), 2번(10), 3번(9)

1. 아래 조건에 맞는 화면 전환을 지정하시오.
 – 화면 전환 효과는 '밀어내기'
 – 효과 옵션은 '위에서'로 지정
 – 55초마다 자동으로만 전환되도록 지정
 – 모든 슬라이드에 지정

2. 아래 조건에 맞는 애니메이션을 지정하시오.
 1) 슬라이드 2번
 – 그림을 제외한 제목, 텍스트에 지정
 – 반드시 지정한 영역은 애니메이션을 이용하여 '나타내기'에 있는 '나누기'로 지정
 – 효과 옵션은 '가로 안쪽으로'로 지정(단, 효과 중복 지정 시 감점처리)
 – 애니메이션 순서는 텍스트, 제목 순으로 지정
 2) 슬라이드 4번
 – 그룹으로 지정된 도형 전체에 지정
 – 반드시 지정한 영역은 애니메이션을 이용하여 '나타내기'에 있는 '흩어 뿌리기'로 지정(단, 효과 중복 지정 시 감점처리)

3. 쇼 재구성 기능을 이용하여 아래 조건에 맞게 슬라이드 쇼 재구성을 2개 작성하시오.
 – 첫 번째 재구성되는 슬라이드 쇼 이름은 '프로그램 실행1'로 지정하고, 재구성 목록에 슬라이드 1번과 슬라이드 3번을 지정
 – 두 번째 재구성되는 슬라이드 쇼 이름은 '프로그램 실행2'로 지정하고, 재구성 목록에 슬라이드 1번과 슬라이드 2번, 슬라이드 5번을 지정

## ※ 슬라이드 노트와 유인물 편집하기

배점 1번(15), 2번(15)

【보기 – 슬라이드 노트】

1. [보기] 메뉴의 [슬라이드 노트]를 이용하여 아래와 같은 조건으로 작성하시오.
   1) 슬라이드 1 노트
      - 입력 내용 : 스태그플레이션에 대한 자료입니다.
      - 글꼴은 굴림체, 글꼴 크기는 16pt로 지정
      - 슬라이드 노트 배경에서 그라데이션 채우기의 기본 설정 색은 '광택'으로 지정

【보기 – 유인물 마스터】

2. [보기] 메뉴의 [유인물 마스터]를 이용하여 아래와 같은 조건으로 작성하시오.
   1) 유인물의 제목을 그리기 도구모음으로 작성하시오.
      - '빗면' 도형을 유인물의 상단에 그리고, 도형의 질감은 녹색 대리석으로 지정하고, '스태그플레이션'을 입력
      - '빗면' 도형 크기는 너비 10cm, 높이 2cm로 지정
      - 글꼴은 돋움체, 글꼴 크기는 22pt, 글꼴효과는 텍스트 그림자로 지정

# 제3회 실전모의고사

## ▨ 답안 작성 시 주의사항

- 답안문서 파일명은 응시자의 이름으로 저장하십시오.
- 파워포인트의 기능들을 이용하여 [처리사항]대로 답안문서를 작성하십시오 ([보기 슬라이드]를 참고하시오).
- 반드시 주어진 이미지 자료를 이용하여 답안문서를 작성하십시오 (주어진 이미지 자료 외 다른 자료 이용 시 감점 처리됩니다).
- 워드아트, 표 등을 처리사항에서 지시한 개수 이상 여러 개 작성한 경우 감점 처리됩니다.
- 문제에서 지시한 슬라이드의 순서가 바뀌는 경우 감점요인이 됩니다.
- 서로 다른 처리사항을 같은 위치에 작성한 경우 감점요인이 됩니다 (예) 슬라이드 2의 텍스트 부분에 제목과 텍스트 내용까지 입력한 경우 등).
- 워드아트 또는 텍스트 상자 등을 처리사항에서 지시한 개수 이상 여러 개 작성한 경우 감점요인이 됩니다.
- 문제에서 지시하지 않은 사항은 프로그램의 기본 설정 값으로 지정하십시오.
- 문제에서 별도의 지시사항이 없는 경우, 글자 입력은 텍스트 상자를 원칙으로 합니다.

## ▨ 제공 이미지

- 주어진 이미지 자료를 이용하여 답안문서를 작성하시오.
  (첨부파일보기 클릭 시 이미지 자료 페이지 열림)

| 【보기】 | 【처리사항】 |
|---|---|

## ▨ 디자인 서식 지정과 마스터 편집하기

배점 1번(5), 2번(11), 3번(14)

1. 전체 슬라이드의 디자인 테마는 모든 슬라이드에 '균형'을 적용하시오.

2. 마스터 기능을 이용하여 슬라이드 **상단 오른쪽**에 '○○○'을 입력하시오.
   1) 균형 슬라이드 마스터에 작성
   2) 텍스트 상자를 이용하여 '○○○'에는 응시자 본인의 이름을 입력
   3) 글꼴은 궁서체, 글꼴 크기는 25pt로 지정

3. 슬라이드 번호를 삽입하시오.
   1) 머리글/바닥글 기능을 이용하여 슬라이드 삽입 시 자동으로 추가 되게 지정
   2) 모든 슬라이드의 **하단 왼쪽**에 작성
   3) 글꼴 크기는 31pt로 지정
   4) 슬라이드 시작 번호는 0으로 지정

## ▓ 슬라이드 작성하기

【보기 – 슬라이드 1】

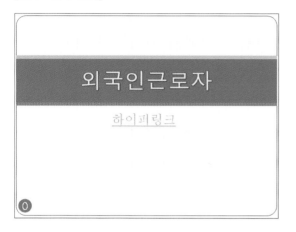

1. 슬라이드 1 : 배점 1)번(5), 2)번(15), 3)번(7)

1) 새 슬라이드는 '제목 슬라이드'로 지정하시오.
2) 워드아트를 이용하여 제목은 '외국인근로자'로 [보기 슬라이드]와 같이 작성하시오.
   - WordArt는 '채우기-황갈색, 텍스트2, 윤곽선-배경2'로 지정
   - 글꼴은 돋움체, 글꼴 크기는 60pt로 지정
   - 워드아트의 크기는 너비 14cm, 높이 3cm로 지정
3) [보기 슬라이드]와 같이 부제목에 '하이퍼링크'를 입력하고, e-Test 홈페이지를 하이퍼링크로 지정하시오.
   (e-Test 홈페이지 : http://www.e-test.co.kr)
   - 글꼴은 바탕체, 글꼴 크기는 35pt로 지정

【보기 – 슬라이드 2】

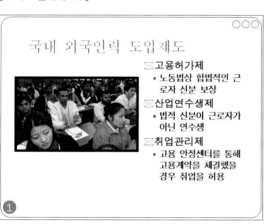

2. 슬라이드 2 : 배점 1)번(5), 2)번(3), 3)번(10), 4)번(1), 5)번(3), 6)번(30)

1) 새 슬라이드를 '콘텐츠 2개' 슬라이드로 추가하시오.
2) 제목은 '국내 외국인력 도입제도'로 입력하시오.
   - 글꼴은 바탕체, 글꼴 크기는 39pt로 지정
3) [보기 슬라이드]와 같이 내용을 첫째 수준과 둘째 수준으로 입력하시오.

> 고용허가제
> 　　노동법상 합법적인 근로자 신분 보장
> 산업연수생제
> 　　법적 신분이 근로자가 아닌 연수생
> 취업관리제
> 　　고용 안정센터를 통해 고용계약을 체결했을 경우 취업을 허용

   - 글꼴은 돋움체, 글꼴 크기는 첫째 수준은 27pt, 둘째 수준은 22pt, 글꼴효과는 굵게
4) 입력한 내용의 줄 간격은 고정 30pt로 지정하시오.
5) 글머리 기호 및 번호 매기기를 이용하여 입력한 내용의 첫째 수준 글머리 기호를 [보기 슬라이드]와 같이 작성하시오.
   - 글머리 기호의 모양은 ⊠, 크기는 95%로 지정
6) [삽입] 메뉴의 [그림]을 이용하여 주어진 '파워제공이미지'를 [보기 슬라이드]와 같이 문자열의 **왼쪽**에 삽입하시오.
   - 그림의 크기는 너비 12cm, 높이 7cm로 지정

【보기 – 슬라이드 3】

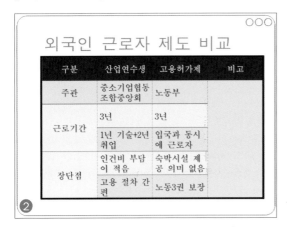

3. 슬라이드 3 : 배점 1)번(5), 2)번(3), 3)번(30)

1) 새 슬라이드를 '제목 및 내용' 슬라이드로 추가하시오.
2) 제목은 '외국인 근로자 제도 비교'로 입력하시오.
   – 글꼴은 돋움체, 글꼴 크기는 45pt로 지정
3) 6행 4열의 표를 작성하고, 아래의 조건대로 작성하시오.
   (반드시 표 형식이 유지되어야 함)
   – 아래 지정된 셀을 각각 셀 병합 지정
   3행 1열 ~ 4행 1열 셀 병합
   5행 1열 ~ 6행 1열 셀 병합
   2행 4열 ~ 6행 4열 셀 병합
   – 표 전체에 [보기 슬라이드]와 같이 내용을 입력하고, 글꼴은
   바탕체, 글꼴 크기는 23pt로 지정
   – 아래의 조건대로 셀 맞춤 지정
   표 전체 : [표 도구]–[레이아웃] 메뉴 [맞춤] 그룹의 세로 가운데
   맞춤
   1행 : [표 도구]–[레이아웃] 메뉴 [맞춤] 그룹의 가운데 맞춤
   1열 : [표 도구]–[레이아웃] 메뉴 [맞춤] 그룹의 가운데 맞춤
   – 1행의 채우기는 질감의 '자주 편물'로 지정
   – 표 전체의 안쪽 세로 테두리는 점선, 안쪽 가로 테두리와 바
   깥쪽 테두리는 실선으로 지정
   – 표 전체 바깥쪽 테두리는 4.5pt 실선으로 지정

【보기 – 슬라이드 4】

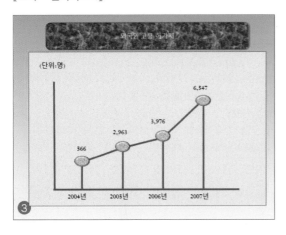

4. 슬라이드 4 : 배점 1)번(5), 2)번(54), 3)번(10)

1) 새 슬라이드를 '빈 화면' 슬라이드로 추가하시오.
2) 그리기 도구모음을 이용하여 아래 조건에 맞게 [보기 슬라이드]
   와 같이 작성하시오.
   – 모서리가 둥근 직사각형 도형을 1개 그리고, 면의 질감은 녹
   색 대리석을 지정하고, 그림자는 '바깥쪽, 오프셋 오른쪽'을
   적용, '외국인 고용 허가제'를 입력
   – 직사각형 도형을 1개 그리고, 면의 질감은 재생지로 지정
   – 선의 종류가 실선이고, 너비가 5pt인 선 9개 그리기
   – 타원 도형을 4개 그리고, 면의 질감은 돗자리로 지정하고, 3차
   원 서식으로 입체 효과의 위쪽 '둥글게'를 적용
   – 가로 텍스트 상자를 9개 그리고, '(단위:명)', '566', '2,963', '3,976',
   '6,547', '2004년', '2005년', '2006년', '2007년'을 각각 입력
   – 작성된 모든 도형은 [보기 슬라이드]와 같이 배열하고, 그룹으
   로 지정하고, 크기는 너비 23cm, 높이 17cm로 지정
3) 슬라이드의 배경에서 배경 그래픽 숨기기를 지정하고 그라데이
   션 채우기의 기본 설정 색은 '새벽'으로 지정하시오.

【보기 – 슬라이드 5】

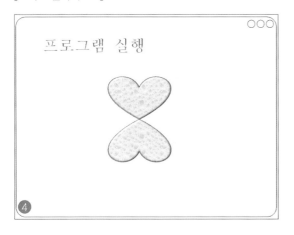

5. 슬라이드 5 : 배점 1)번(5), 2)번(3), 3)번(16), 4)번(3)

1) 새 슬라이드를 '제목만' 슬라이드로 추가하시오.
2) 제목은 '프로그램 실행'으로 입력하시오.
   - 글꼴은 바탕체, 글꼴 크기는 43pt로 지정
3) 도형을 작성하여 실행 설정을 지정하시오.
   - 그리기 도구 모음의 '하트' 도형을 그리고, 면의 질감은 작은 물방울로 지정하고, 너비 6cm, 높이 4cm로 작성
   - 작성된 '하트' 도형은 3차원 서식으로 입체 효과의 위쪽 '둥글게'와 깊이 72pt를 지정
   - 슬라이드 쇼 실행 시, 마우스를 '하트' 도형 위에 놓았을 때 메모장 프로그램(NOTEPAD.EXE)이 실행되도록 실행 설정을 지정
   - 실행 설정이 지정된 '하트' 도형을 복사하여 상하대칭 지정
   - 작성된 두 개의 '하트' 도형을 그룹으로 지정
4) 슬라이드 5를 숨기기로 지정하시오.

## ▨ 슬라이드 쇼 관련 기능 지정하기

**배점 1번(8), 2번(10), 3번(9)**

1. 아래 조건에 맞는 화면 전환을 지정하시오.
   - 화면 전환 효과는 '당기기'
   - 효과 옵션은 '위에서'로 지정
   - 40초마다 자동으로만 전환되도록 지정
   - 모든 슬라이드에 지정

2. 아래 조건에 맞는 애니메이션을 지정하시오.
   1) 슬라이드 2번
      - 그림을 제외한 제목, 텍스트에 지정
      - 반드시 지정한 영역은 애니메이션을 이용하여 '나타내기'에 있는 '나누기'로 지정
      - 효과 옵션은 '가로 안쪽으로'로 지정(단, 효과 중복 지정 시 감점처리)
      - 애니메이션 순서는 제목, 텍스트 순으로 지정
   2) 슬라이드 4번
      - 그룹으로 지정된 도형 전체에 지정
      - 반드시 지정한 영역은 애니메이션을 이용하여 '나타내기'에 있는 '휘돌아 나타내기'로 지정(단, 효과 중복 지정 시 감점처리)
3. 쇼 재구성 기능을 이용하여 아래 조건에 맞게 슬라이드 쇼 재구성을 2개 작성하시오.
   - 첫 번째 재구성되는 슬라이드 쇼 이름은 '프로그램 실행 1'로 지정하고, 재구성 목록에 슬라이드 1번과 슬라이드 2번을 지정
   - 두 번째 재구성되는 슬라이드 쇼 이름은 '프로그램 실행 2'로 지정하고, 재구성 목록에 슬라이드 1번과 슬라이드 4번, 슬라이드 5번을 지정

# ▨ 슬라이드 노트와 유인물 편집하기

배점 1번(15), 2번(15)

【보기 – 슬라이드 노트】

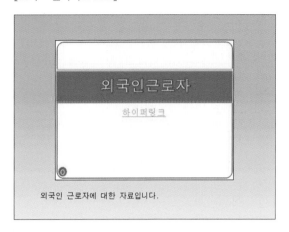

1. [보기] 메뉴의 [슬라이드 노트]를 이용하여 아래와 같은 조건으로 작성하시오.
   1) 슬라이드 1 노트
      – 입력 내용 : 외국인 근로자에 대한 자료입니다.
      – 글꼴은 돋움체, 글꼴 크기는 15pt로 지정
      – 슬라이드 노트 배경에서 그라데이션 채우기의 기본 설정 색은 '사막'으로 지정

【보기 – 유인물 마스터】

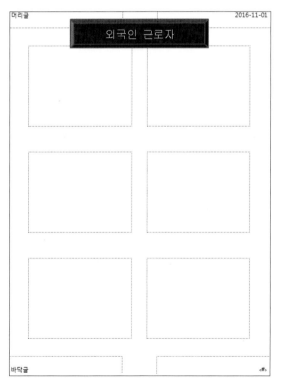

2. [보기] 메뉴의 [유인물 마스터]를 이용하여 아래와 같은 조건으로 작성하시오.
   1) 유인물의 제목을 그리기 도구모음으로 작성하시오.
      – '빗면' 도형을 유인물의 상단에 그리고, 도형의 질감은 자주 편물로 지정하고, '외국인 근로자'를 입력
      – '빗면' 도형 크기는 너비 10cm, 높이 2cm로 지정
      – 글꼴은 굴림체, 글꼴 크기는 22pt, 글꼴효과는 텍스트 그림자로 지정

# 제4회 실전모의고사

## 답안 작성 시 주의사항

- 답안문서 파일명은 응시자의 이름으로 저장하십시오.
- 파워포인트의 기능들을 이용하여 **[처리사항]**대로 답안문서를 작성하십시오 (**[보기 슬라이드]**를 참고하시오).
- 반드시 주어진 이미지 자료를 이용하여 답안문서를 작성하십시오 (주어진 이미지 자료 외 다른 자료 이용 시 감점 처리됩니다).
- 워드아트, 표 등을 처리사항에서 지시한 개수 이상 여러 개 작성한 경우 감점 처리됩니다.
- 문제에서 지시한 슬라이드의 순서가 바뀌는 경우 감점요인이 됩니다.
- 서로 다른 처리사항을 같은 위치에 작성한 경우 감점요인이 됩니다 (예) 슬라이드 2의 텍스트 부분에 제목과 텍스트 내용까지 입력한 경우 등).
- 워드아트 또는 텍스트 상자 등을 처리사항에서 지시한 개수 이상 여러 개 작성한 경우 감점요인이 됩니다.
- 문제에서 지시하지 않은 사항은 프로그램의 기본 설정 값으로 지정하십시오.
- 문제에서 별도의 지시사항이 없는 경우, 글자 입력은 텍스트 상자를 원칙으로 합니다.

## 제공 이미지

- 주어진 이미지 자료를 이용하여 답안문서를 작성하시오.
  (첨부파일보기 클릭 시 이미지 자료 페이지 열림)

| 【보기】 | 【처리사항】 |
| --- | --- |

## 디자인 서식 지정과 마스터 편집하기

배점 1번(5), 2번(11), 3번(14)

1. 전체 슬라이드의 디자인 테마는 모든 슬라이드에 '고려청자'를 적용하시오.

2. 마스터 기능을 이용하여 슬라이드 **상단 오른쪽**에 '○○○'을 입력하시오.
   1) 고려청자 슬라이드 마스터에 작성
   2) 텍스트 상자를 이용하여 '○○○'에는 응시자 본인의 이름을 입력
   3) 글꼴은 바탕체, 글꼴 크기는 25pt로 지정

3. 슬라이드 번호를 삽입하시오.
   1) 머리글/바닥글 기능을 이용하여 슬라이드 삽입 시 자동으로 추가 되게 지정
   2) 모든 슬라이드의 **하단 오른쪽**에 작성
   3) 글꼴 크기는 27pt로 지정
   4) 슬라이드 시작 번호는 0으로 지정

## ■ 슬라이드 작성하기

【보기 – 슬라이드 1】

**1. 슬라이드 1 : 배점 1)번(5), 2)번(15), 3)번(7)**

1) 새 슬라이드를 '제목 슬라이드'로 지정하시오.
2) 워드아트를 이용하여 제목은 '실버산업'으로 [보기 슬라이드]와 같이 작성하시오.
   - WordArt는 '채우기-진한 청록, 텍스트2, 윤곽선-배경2'로 지정
   - 글꼴은 돋움체, 글꼴 크기는 66pt로 지정
   - 워드아트의 크기는 너비 10cm, 높이 3.5cm로 지정
3) [보기 슬라이드]와 같이 부제목에 '하이퍼링크'를 입력하고, e-Test 홈페이지를 하이퍼링크로 지정하시오.
   (e-Test 홈페이지 : http://www.e-test.co.kr)
   - 글꼴은 바탕체, 글꼴 크기는 35pt로 지정

【보기 – 슬라이드 2】

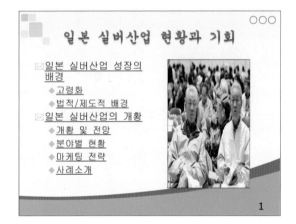

**2. 슬라이드 2 : 배점 1)번(5), 2)번(3), 3)번(10), 4)번(1), 5)번(3), 6)번 (30)**

1) 새 슬라이드를 '콘텐츠 2개' 슬라이드로 추가하시오.
2) 제목은 '일본 실버산업 현황과 기회'로 입력하시오.
   - 글꼴은 궁서체, 글꼴 크기는 38pt로 지정
3) [보기 슬라이드]와 같이 내용을 첫째 수준과 둘째 수준으로 입력하시오.

| |
|---|
| 일본 실버산업 성장의 배경 |
| 　　고령화 |
| 　　법적/제도적 배경 |
| 일본 실버산업의 개황 |
| 　　개황 및 전망 |
| 　　분야별 현황 |
| 　　마케팅 전략 |
| 　　사례소개 |

   - 글꼴은 굴림체, 글꼴 크기는 첫째 수준은 27pt, 둘째 수준은 25pt, 글꼴효과는 밑줄
4) 입력한 내용의 줄 간격은 고정 29pt로 지정하시오.
5) 글머리 기호 및 번호 매기기를 이용하여 입력한 내용의 첫째 수준 글머리 기호를 [보기 슬라이드]와 같이 작성하시오.
   - 글머리 기호의 모양은 ⊠, 크기는 85%로 지정
6) [삽입] 메뉴의 [그림]을 이용하여 주어진 '파워제공이미지'를 [보기 슬라이드]와 같이 문자열의 오른쪽에 삽입하시오.
   - 그림의 크기는 너비 8cm, 높이 12cm로 지정

【보기 – 슬라이드 3】

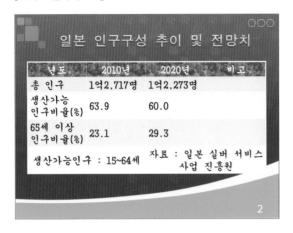

3. 슬라이드 3 : 배점 1)번(5), 2)번(3), 3)번(30)

1) 새 슬라이드를 '제목 및 내용' 슬라이드로 추가하시오.
2) 제목은 '일본 인구구성 추이 및 전망치'로 입력하시오.
   – 글꼴은 돋움체, 글꼴 크기는 37pt로 지정
3) 5행 4열의 표를 작성하고, 아래의 조건대로 작성하시오.
   (반드시 표 형식이 유지되어야 함)
   – 아래 지정된 셀을 각각 셀 병합 지정
   2행 4열 ~ 4행 4열 셀 병합
   5행 1열 ~ 5행 2열 셀 병합
   5행 3열 ~ 5행 4열 셀 병합
   – 표 전체에 [보기 슬라이드]와 같이 내용을 입력하고, 글꼴은 궁서체, 글꼴 크기는 27pt로 지정
   – 아래의 조건대로 셀 맞춤 지정
   표 전체 : [표 도구] – [레이아웃] 메뉴 [맞춤] 그룹의 세로 가운데 맞춤
   1행 : [표 도구]–[레이아웃] 메뉴 [맞춤] 그룹의 가운데 맞춤
   5행 : [표 도구]–[레이아웃] 메뉴 [맞춤] 그룹의 가운데 맞춤
   – 1행의 채우기는 질감의 '녹색 대리석'으로 지정
   – 표 전체의 안쪽 세로 테두리는 파선, 안쪽 가로 테두리와 바깥쪽 테두리는 실선으로 지정
   – 표 전체 바깥쪽 테두리는 3pt 실선으로 지정

【보기 – 슬라이드 4】

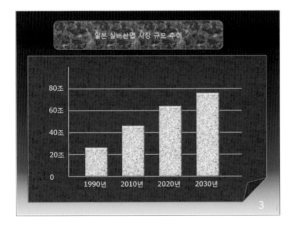

4. 슬라이드 4 : 배점 1)번(5), 2)번(54), 3)번(10)

1) 새 슬라이드를 '빈 화면' 슬라이드로 추가하시오.
2) 그리기 도구모음을 이용하여 아래 조건에 맞게 [보기 슬라이드]와 같이 작성하시오.
   – 모서리가 둥근 직사각형 도형을 1개 그리고, 면의 질감은 밤색 대리석으로 지정하고, 그림자는 '바깥쪽, 오프셋 대각선 오른쪽 아래'를 적용, '일본 실버산업 시장 규모 추이'를 입력
   – 모서리가 접힌 도형을 1개 그리고, 면의 질감은 자주 편물로 지정
   – 선의 종류가 실선이고, 너비가 2pt인 선 6개 그리기
   – 직사각형 도형을 4개 그리고, 면의 질감은 화강암으로 지정하고, 3차원 서식으로 입체 효과의 위쪽 '둥글게'를 적용
   – 가로 텍스트 상자를 9개 그리고, '80조', '60조', '40조', '20조', '0', '1990년', '2010년', '2020년', '2030년'을 각각 입력
   – 작성된 모든 도형은 [보기 슬라이드]와 같이 배열하고, 그룹으로 지정하고, 크기는 너비 23cm, 높이 17cm로 지정
3) 슬라이드의 배경에서 배경 그래픽 숨기기를 지정하고 그라데이션 채우기의 기본 설정 색은 '늦은 해질녘'으로 지정하시오.

【보기 – 슬라이드 5】

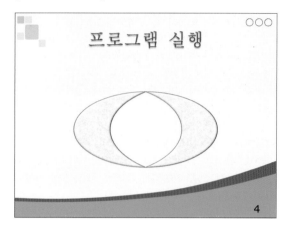

### 5. 슬라이드 5 : 배점 1)번(5), 2)번(3), 3)번(16), 4)번(3)

1) 새 슬라이드를 '제목만' 슬라이드로 추가하시오.
2) 제목은 '프로그램 실행'으로 입력하시오.
   - 글꼴은 바탕체, 글꼴 크기는 49pt로 지정
3) 도형을 작성하여 실행 설정을 지정하시오.
   - 그리기 도구 모음의 '달' 도형을 그리고, 면의 질감은 꽃다발로 지정하고, 너비 7cm, 높이 7cm로 작성
   - 작성된 '달' 도형은 3차원 서식으로 입체 효과의 위쪽 '둥글게'와 깊이 36pt를 지정
   - 슬라이드 쇼 실행 시, 마우스를 '달' 도형 위에 놓았을 때 메모장 프로그램(NOTEPAD.EXE)이 실행되도록 실행 설정을 지정
   - 실행 설정이 지정된 '달' 도형을 복사하여 좌우 대칭 지정
   - 작성된 두 개의 '달' 도형을 그룹으로 지정
4) 슬라이드 5를 숨기기로 지정하시오.

## ■ 슬라이드 쇼 관련 기능 지정하기

배점 1번(8), 2번(10), 3번(9)

1. 아래 조건에 맞는 화면 전환을 지정하시오.
   - 화면 전환 효과는 '덮기'
   - 효과 옵션은 '위에서'로 지정
   - 45초마다 자동으로만 전환되도록 지정
   - 모든 슬라이드에 지정

2. 아래 조건에 맞는 애니메이션을 지정하시오.
   1) 슬라이드 2번
      - 그림을 제외한 제목, 텍스트에 지정
      - 반드시 지정한 영역은 애니메이션을 이용하여 '나타내기'에 있는 '닦아내기'로 지정
      - 효과 옵션은 '위에서'로 지정(단, 효과 중복 지정 시 감점처리)
      - 애니메이션 순서는 텍스트, 제목 순으로 지정
   2) 슬라이드 4번
      - 그룹으로 지정된 도형 전체에 지정
      - 반드시 지정한 영역은 애니메이션을 이용하여 '나타내기'에 있는 '흩어 뿌리기'로 지정(단, 효과 중복 지정 시 감점처리)

3. 쇼 재구성 기능을 이용하여 아래 조건에 맞게 슬라이드 쇼 재구성을 2개 작성하시오.
   - 첫 번째 재구성되는 슬라이드 쇼 이름은 '프로그램 실행1'로 지정하고, 재구성 목록에 슬라이드 1번과 슬라이드 3번을 지정
   - 두 번째 재구성되는 슬라이드 쇼 이름은 '프로그램 실행2'로 지정하고, 재구성 목록에 슬라이드 1번과 슬라이드 4번, 슬라이드 5번을 지정

# 슬라이드 노트와 유인물 편집하기

배점 1번(15), 2번(15)

【보기 – 슬라이드 노트】

1. [보기] 메뉴의 [슬라이드 노트]를 이용하여 아래와 같은 조건으로 작성하시오.
   1) 슬라이드 1 노트
      - 입력 내용 : 일본 실버산업 시장에 대한 자료입니다.
      - 글꼴은 궁서체, 글꼴 크기는 15pt로 지정
      - 슬라이드 노트 배경에서 그라데이션 채우기의 기본 설정 색은 '가로'로 지정

【보기 – 유인물 마스터】

2. [보기] 메뉴의 [유인물 마스터]를 이용하여 아래와 같은 조건으로 작성하시오.
   1) 유인물의 제목을 그리기 도구모음으로 작성하시오.
      - '빗면' 도형을 유인물의 상단에 그리고, 도형의 질감은 녹색 대리석으로 지정하고, '일본 실버산업'을 입력
      - '빗면' 도형 크기는 너비 10cm, 높이 2cm로 지정
      - 글꼴은 돋움체, 글꼴 크기는 22pt, 글꼴효과는 텍스트 그림자로 지정

# 제5회 실전모의고사

## ▒ 답안 작성 시 주의사항

- 답안문서 파일명은 응시자의 이름으로 저장하십시오.
- 파워포인트의 기능들을 이용하여 **[처리사항]**대로 답안문서를 작성하십시오 (**[보기 슬라이드]**를 참고하시오).
- 반드시 주어진 이미지 자료를 이용하여 답안문서를 작성하십시오 (주어진 이미지 자료 외 다른 자료 이용 시 감점 처리됩니다).
- 워드아트, 표 등을 처리사항에서 지시한 개수 이상 여러 개 작성한 경우 감점 처리됩니다.
- 문제에서 지시한 슬라이드의 순서가 바뀌는 경우 감점요인이 됩니다.
- 서로 다른 처리사항을 같은 위치에 작성한 경우 감점요인이 됩니다 (예) 슬라이드 2의 텍스트 부분에 제목과 텍스트 내용까지 입력한 경우 등).
- 워드아트 또는 텍스트 상자 등을 처리사항에서 지시한 개수 이상 여러 개 작성한 경우 감점요인이 됩니다.
- 문제에서 지시하지 않은 사항은 프로그램의 기본 설정 값으로 지정하십시오.
- 문제에서 별도의 지시사항이 없는 경우, 글자 입력은 텍스트 상자를 원칙으로 합니다.

## ▒ 제공 이미지

- 주어진 이미지 자료를 이용하여 답안문서를 작성하시오.
  (첨부파일보기 클릭 시 이미지 자료 페이지 열림)

| 【보기】 | 【처리사항】 |
|---|---|

## ▒ 디자인 서식 지정과 마스터 편집하기

배점 1번(5), 2번(11), 3번(14)

1. 전체 슬라이드의 디자인 테마는 모든 슬라이드에 '흐름'을 적용하시오.

2. 마스터 기능을 이용하여 슬라이드 **상단 오른쪽**에 '○○○'을 입력하시오.
   1) 흐름 슬라이드 마스터에 작성
   2) 텍스트 상자를 이용하여 '○○○'에는 응시자 본인의 이름을 입력
   3) 글꼴은 궁서체, 글꼴 크기는 30pt로 지정

3. 슬라이드 번호를 삽입하시오.
   1) 머리글/바닥글 기능을 이용하여 슬라이드 삽입 시 자동으로 추가 되게 지정
   2) 모든 슬라이드의 **하단 오른쪽**에 작성
   3) 글꼴 크기는 28pt로 지정
   4) 슬라이드 시작 번호는 3으로 지정

## ▦ 슬라이드 작성하기

【보기 - 슬라이드 1】

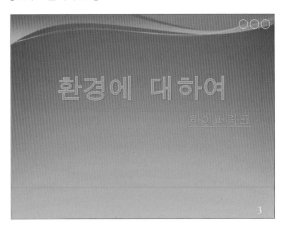

1. 슬라이드 1 : 배점 1)번(5), 2)번(15), 3)번(7)

　　1) 새 슬라이드를 '제목 슬라이드'로 지정하시오.
　　2) 워드아트를 이용하여 제목은 '환경에 대하여'로 [보기 슬라이드]
　　　와 같이 작성하시오.
　　　　– WordArt는 '채우기–진한 청록, 텍스트2, 윤곽선–배경2'로
　　　　　지정
　　　　– 글꼴은 돋움체, 글꼴 크기는 72pt로 지정
　　　　– 워드아트의 크기는 너비 18cm, 높이 3.5cm로 지정
　　3) [보기 슬라이드]와 같이 부제목에 '하이퍼링크'를 입력하고,
　　　e-Test 홈페이지를 하이퍼링크로 지정하시오.
　　　(e-Test 홈페이지 : http://www.e-test.co.kr)
　　　　– 글꼴은 돋움체, 글꼴 크기는 34pt로 지정

【보기 - 슬라이드 2】

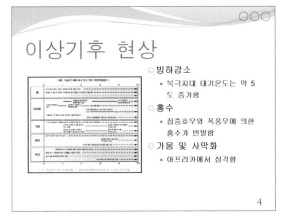

2. 슬라이드 2 : 배점 1)번(5), 2)번(3), 3)번(10), 4)번(1), 5)번(3), 6)번(30)

　　1) 새 슬라이드를 '콘텐츠 2개' 슬라이드로 추가하시오.
　　2) 제목은 '이상기후 현상'으로 입력하시오.
　　　　– 글꼴은 돋움체, 글꼴 크기는 56pt로 지정
　　3) [보기 슬라이드]와 같이 내용을 첫째 수준과 둘째 수준으로 입
　　　력하시오.

　　　┌─────────────────────────────────┐
　　　│　빙하감소　　　　　　　　　　　　　　　　　│
　　　│　　　　북극지대 대기온도는 약 5도 증가함　│
　　　│　홍수　　　　　　　　　　　　　　　　　　　│
　　　│　　　　집중호우와 폭풍우에 의한 홍수가 빈발함│
　　　│　가뭄 및 사막화　　　　　　　　　　　　　　│
　　　│　　　　아프리카에서 심각함　　　　　　　　　│
　　　└─────────────────────────────────┘

　　　　– 글꼴은 굴림체, 글꼴 크기는 첫째 수준은 24pt, 둘째 수준은
　　　　　20pt, 글꼴효과는 굵게
　　4) 입력한 내용의 줄 간격은 고정 30pt로 지정하시오.
　　5) 글머리 기호 및 번호 매기기를 이용하여 입력한 내용의 첫째 수
　　　준 글머리 기호를 [보기 슬라이드]와 같이 작성하시오.
　　　　– 글머리 기호의 모양은 ◯, 크기는 90%로 지정
　　6) [삽입] 메뉴의 [그림]을 이용하여 주어진 '파워제공이미지'를 [보
　　　기 슬라이드]와 같이 문자열의 **왼쪽**에 삽입하시오.
　　　　– 그림의 크기는 너비 11cm, 높이 9cm로 지정

【보기 - 슬라이드 3】

**3. 슬라이드 3 : 배점 1)번(5), 2)번(3), 3)번(30)**

1) 새 슬라이드를 '제목 및 내용'로 추가하시오.
2) 제목은 '폐기물 총 발생량'으로 입력하시오.
   - 글꼴은 돋움체, 글꼴 크기는 56pt로 지정
3) 7행 3열의 표를 작성하고, 아래의 조건대로 작성하시오.
   (반드시 표 형식이 유지되어야 함)
   - 아래 지정된 셀을 각각 셀 병합 지정
   2행 1열 ~ 3행 1열 셀 병합
   4행 1열 ~ 5행 1열 셀 병합
   6행 1열 ~ 7행 1열 셀 병합
   2행 2열 ~ 3행 2열 셀 병합
   4행 2열 ~ 5행 2열 셀 병합
   6행 2열 ~ 7행 2열 셀 병합
   - 표 전체에 [보기 슬라이드]와 같이 내용을 입력하고, 글꼴은 굴림체, 글꼴 크기는 23pt로 지정
   - 아래의 조건대로 셀 맞춤 지정
   표 전체 : [표 도구]-[레이아웃] 메뉴 [맞춤] 그룹의 세로 가운데 맞춤
   1행 : [표 도구]-[레이아웃] 메뉴 [맞춤] 그룹의 가운데 맞춤
   1열과 2열 : [표 도구]-[레이아웃] 메뉴 [맞춤] 그룹의 가운데 맞춤
   - 1행의 채우기는 질감의 '자주 편물'로 지정
   - 표 전체의 안쪽 가로 테두리는 점선, 안쪽 세로 테두리와 바깥쪽 테두리는 실선으로 지정
   - 표 전체 바깥쪽 테두리는 3pt 실선으로 지정

【보기 - 슬라이드 4】

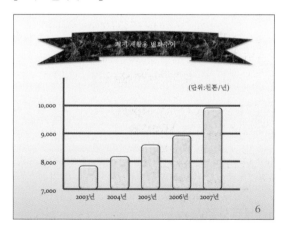

**4. 슬라이드 4 : 배점 1)번(5), 2)번(54), 3)번(10)**

1) 새 슬라이드를 '빈 화면' 슬라이드로 추가하시오.
2) 그리기 도구모음을 이용하여 아래 조건에 맞게 [보기 슬라이드]와 같이 작성하시오.
   - 위로 구부러진 리본 도형을 1개 그리고, 면의 질감은 밤색 대리석으로 지정하고, 그림자는 '바깥쪽, 오프셋 아래쪽'을 적용, '폐지 재활용 변화추이'를 입력
   - 선의 종류가 실선이고, 너비가 5pt인 선 5개 그리기
   - 모서리가 둥근 직사각형 도형을 5개 그리고, 면의 질감은 분홍 박엽지로 지정하고, 3차원 서식으로 입체 효과의 위쪽 '둥글게'를 적용
   - 가로 텍스트 상자를 10개 그리고, '10,000', '9,000', '8,000', '7,000', '2003년', '2004년', '2005년', '2006년', '2007년', '(단위:천톤/년)'을 각각 입력
   - 작성된 모든 도형은 [보기 슬라이드]와 같이 배열하고, 그룹으로 지정하고, 크기는 너비 21cm, 높이 16cm로 지정
3) 슬라이드의 배경에서 배경 그래픽 숨기기를 지정하고 그라데이션 채우기의 기본 설정 색은 '양피지'로 지정하시오.

【보기 - 슬라이드 5】

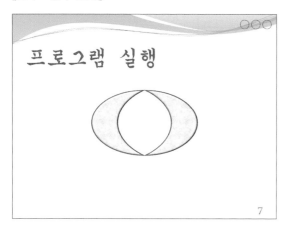

5. 슬라이드 5 : 배점 1)번(5), 2)번(3), 3)번(16), 4)번(3)

　1) 새 슬라이드를 '제목만' 슬라이드로 추가하시오.
　2) 제목은 '프로그램 실행'으로 입력하시오.
　　　– 글꼴은 궁서체, 글꼴 크기는 56pt로 지정
　3) 도형을 작성하여 실행 설정을 지정하시오.
　　　– 그리기 도구 모음의 '달' 도형을 그리고, 면의 질감은 꽃다발
　　　　로 지정하고, 너비 5cm, 높이 6cm로 작성
　　　– 작성된 '달' 도형은 3차원 서식으로 입체 효과의 위쪽 '둥글게'
　　　　와 깊이 36pt 지정
　　　– 슬라이드 실행 시, 마우스를 '달' 도형 위에 놓았을 때 메모장
　　　　프로그램(NOTEPAD.EXE)이 실행되도록 실행 설정을 지정
　　　– 실행 설정이 지정된 '달' 도형을 복사하여 좌우대칭 지정
　　　– 작성된 두 개의 '달' 도형을 그룹으로 지정
　4) 슬라이드 5를 숨기기로 지정하시오.

## ▒ 슬라이드 쇼 관련 기능 지정하기

　배점 1번(8), 2번(10), 3번(9)

1. 아래 조건에 맞는 화면 전환을 지정하시오.
　　　– 화면 전환 효과는 '닦아내기'
　　　– 효과 옵션은 '왼쪽에서'로 지정
　　　– 1분마다 자동으로만 전환되도록 지정
　　　– 모든 슬라이드에 지정

2. 아래 조건에 맞는 애니메이션을 지정하시오.
　1) 슬라이드 2번
　　　– 그림을 제외한 제목, 텍스트에 지정
　　　– 반드시 지정한 영역은 애니메이션을 이용하여 '나타내기'에 있
　　　　는 '내밀기'로 지정
　　　– 효과 옵션은 '위에서'로 지정(단, 효과 중복 지정 시 감점처리)
　　　– 애니메이션 순서는 제목, 텍스트 순으로 지정
　2) 슬라이드 4번
　　　– 그룹으로 지정된 도형 전체에 지정
　　　– 반드시 지정한 영역은 애니메이션을 이용하여 '나타내기'에 있
　　　　는 '닦아내기'로 지정
　　　– 효과 옵션은 '위에서'로 지정(단, 효과 중복 지정 시 감점처리)

3. 쇼 재구성 기능을 이용하여 아래 조건에 맞게 슬라이드 쇼 재구
　성을 2개 작성하시오.
　　　– 첫 번째 재구성되는 슬라이드 쇼 이름은 '프로그램 실행 1'로 지
　　　　정하고, 재구성 목록에 슬라이드 1번과 슬라이드 3번을 지정
　　　– 두 번째 재구성되는 슬라이드 쇼 이름은 '프로그램 실행 2'로
　　　　지정하고, 재구성 목록에 슬라이드 1번과 슬라이드 4번, 슬
　　　　라이드 5번을 지정

## ■ 슬라이드 노트와 유인물 편집하기

배점 1번(15), 2번(15)

【보기 – 슬라이드 노트】

1. [보기] 메뉴의 [슬라이드 노트]를 이용하여 아래와 같은 조건으로 작성하시오.
   1) 슬라이드 1 노트
      – 입력 내용 : 이 프레젠테이션은 환경에 대한 자료입니다.
      – 글꼴은 바탕체, 글꼴 크기는 14pt로 지정
      – 슬라이드 노트 배경에서 그라데이션 채우기의 기본 설정 색은 '새벽'으로 지정

【보기 – 유인물 마스터】

2. [보기] 메뉴의 [유인물 마스터]를 이용하여 아래와 같은 조건으로 작성하시오.
   1) 유인물의 제목을 그리기 도구모음으로 작성하시오.
      – '빗면' 도형을 유인물의 상단에 그리고, 도형의 질감은 밤색 대리석으로 지정하고, '환경에 대하여'를 입력
      – '빗면' 도형 크기는 너비 10cm, 높이 2cm로 지정
      – 글꼴은 돋움체, 글꼴 크기는 20pt, 글꼴효과는 텍스트 그림자로 지정

# 제6회 실전모의고사

※ 답안 작성 시 주의사항

- 답안문서 파일명은 응시자의 이름으로 저장하십시오.
- 파워포인트의 기능들을 이용하여 [처리사항]대로 답안문서를 작성하십시오 ([보기 슬라이드]를 참고하시오).
- 반드시 주어진 이미지 자료를 이용하여 답안문서를 작성하십시오 (주어진 이미지 자료 외 다른 자료 이용 시 감점 처리됩니다).
- 워드아트, 표 등을 처리사항에서 지시한 개수 이상 여러 개 작성한 경우 감점 처리됩니다.
- 문제에서 지시한 슬라이드의 순서가 바뀌는 경우 감점요인이 됩니다.
- 서로 다른 처리사항을 같은 위치에 작성한 경우 감점요인이 됩니다 (예) 슬라이드 2의 텍스트 부분에 제목과 텍스트 내용까지 입력한 경우 등).
- 워드아트 또는 텍스트 상자 등을 처리사항에서 지시한 개수 이상 여러 개 작성한 경우 감점요인이 됩니다.
- 문제에서 지시하지 않은 사항은 프로그램의 기본 설정 값으로 지정하십시오.
- 문제에서 별도의 지시사항이 없는 경우, 글자 입력은 텍스트 상자를 원칙으로 합니다.

※ 제공 이미지

- 주어진 이미지 자료를 이용하여 답안문서를 작성하시오.
  (첨부파일보기 클릭 시 이미지 자료 페이지 열림)

| 【보기】 | 【처리사항】 |
|---|---|

## ※ 디자인 서식 지정과 마스터 편집하기

배점 1번(5), 2번(11), 3번(14)

1. 전체 슬라이드의 디자인 테마는 모든 슬라이드에 '균형'을 적용하시오.

2. 마스터 기능을 이용하여 슬라이드 **상단 오른쪽**에 '○○○'을 입력하시오.
   1) 균형 슬라이드 마스터에 작성
   2) 텍스트 상자를 이용하여 '○○○'에는 응시자 본인의 이름을 입력
   3) 글꼴은 돋움체, 글꼴 크기는 32pt로 지정

3. 슬라이드 번호를 삽입하시오.
   1) 머리글/바닥글 기능을 이용하여 슬라이드 삽입 시 자동으로 추가 되게 지정
   2) 제목 슬라이드를 제외한 모든 슬라이드의 **하단 왼쪽**에 작성
   3) 글꼴 크기는 30pt로 지정
   4) 슬라이드 시작 번호는 2로 지정

## ※ 슬라이드 작성하기

**【보기 - 슬라이드 1】**

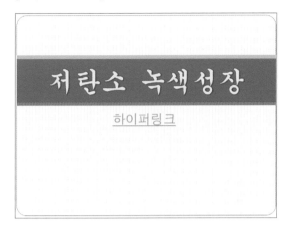

### 1. 슬라이드 1 : 배점 1)번(5), 2)번(15), 3)번(7)

1) 새 슬라이드를 '제목 슬라이드'로 지정하시오.
2) 워드아트를 이용하여 제목은 '저탄소 녹색성장'으로 [보기 슬라이드]와 같이 작성하시오.
   - WordArt는 '채우기-황갈색, 텍스트2, 윤곽선-배경2'로 지정
   - 글꼴은 궁서체, 글꼴 크기는 72pt로 지정
   - 워드아트의 크기는 너비 20cm, 높이 3.5cm로 지정
3) [보기 슬라이드]와 같이 부제목에 '하이퍼링크'를 입력하고, e-Test 홈페이지를 하이퍼링크로 지정하시오.
   (e-Test 홈페이지 : http://www.e-test.co.kr)
   - 글꼴은 돋움체, 글꼴 크기는 35pt로 지정

**【보기 - 슬라이드 2】**

### 2. 슬라이드 2 : 배점 1)번(5), 2)번(3), 3)번(10), 4)번(1), 5)번(3), 6)번(30)

1) 새 슬라이드를 '콘텐츠 2개' 슬라이드로 추가하시오.
2) 제목은 '세계자연보존연맹'으로 입력하시오.
   - 글꼴은 궁서체, 글꼴 크기는 56pt로 지정
3) [보기 슬라이드]와 같이 내용을 첫째 수준과 둘째 수준으로 입력하시오.

> 명칭
>     IUCN : The World Conservation Union
> 국제적 NGO
> 기능
>     세계 각 지역의 자연자원과 생물다양성 보전을 위한 독려, 협조
>     자연자원의 균형적 이용(생태계의 지속가능한 이용) 도모

   - 글꼴은 바탕체, 글꼴 크기는 첫째 수준은 20pt, 둘째 수준은 18pt, 글꼴효과는 밑줄
4) 입력한 내용의 줄 간격은 고정 26pt로 지정하시오.
5) 글머리 기호 및 번호 매기기를 이용하여 입력한 내용의 첫째 수준 글머리 기호를 [보기 슬라이드]와 같이 작성하시오.
   - 글머리 기호의 모양은 ✈, 크기는 90%로 지정
6) [삽입] 메뉴의 [그림]을 이용하여 주어진 '파워제공이미지'를 [보기 슬라이드]와 같이 문자열의 오른쪽에 삽입하시오.
   - 그림의 크기는 너비 9cm, 높이 6cm로 지정

【보기 – 슬라이드 3】

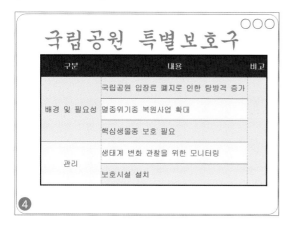

3. 슬라이드 3 : 배점 1)번(5), 2)번(3), 3)번(30)

  1) 새 슬라이드를 '제목 및 내용' 슬라이드로 추가하시오.
  2) 제목은 '국립공원 특별보호구'로 입력하시오.
    – 글꼴은 궁서체, 글꼴 크기는 56pt로 지정
  3) 6행 3열의 표를 작성하고, 아래의 조건대로 작성하시오.
  (반드시 표 형식이 유지되어야 함)
    – 아래 지정된 셀을 각각 셀 병합 지정
    2행 1열 ~ 4행 1열 셀 병합
    5행 1열 ~ 6행 1열 셀 병합
    2행 3열 ~ 6행 3열 셀 병합
    – 표 전체에 [보기 슬라이드]와 같이 내용을 입력하고, 글꼴은 굴림체, 글꼴 크기는 20pt로 지정
    – 아래의 조건대로 셀 맞춤 지정
    표 전체 : [표 도구] – [레이아웃] 메뉴 [맞춤] 그룹의 세로 가운데 맞춤
    1열 : [표 도구]–[레이아웃] 메뉴 [맞춤] 그룹의 가운데 맞춤
    1행 : [표 도구]–[레이아웃] 메뉴 [맞춤] 그룹의 가운데 맞춤
    – 1행의 채우기는 질감의 '자주 편물'로 지정
    – 표 전체의 안쪽 세로 테두리는 점선, 안쪽 가로 테두리와 바깥쪽 테두리는 실선으로 지정
    – 표 전체 바깥쪽 테두리는 3pt 실선으로 지정

【보기 – 슬라이드 4】

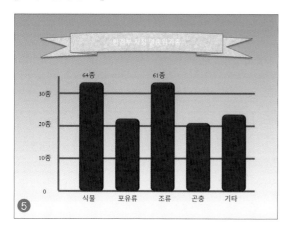

4. 슬라이드 4 : 배점 1)번(5), 2)번(54), 3)번(10)

  1) 새 슬라이드를 '빈 화면' 슬라이드로 추가하시오.
  2) 그리기 도구모음을 이용하여 아래 조건에 맞게 [보기 슬라이드]와 같이 작성하시오.
    – 위로 구부러진 리본을 1개 그리고, 면의 질감은 분홍 박엽지로 지정하고, 그림자는 '바깥쪽, 오프셋 아래쪽'을 적용, '환경부 지정 멸종위기종'을 입력
    – 선의 종류가 실선이고, 너비가 5pt인 선 5개 그리기
    – 모서리가 둥근 직사각형 도형을 5개 그리고, 면의 질감은 자주 편물로 지정하고, 3차원 서식으로 입체 효과의 위쪽 '둥글게'를 적용
    – 가로 텍스트 상자를 11개 그리고, '30종', '20종', '10종', '0', '식물', '포유류', '조류', '곤충', '기타', '64종', '61종'을 각각 입력
    – 작성된 모든 도형은 [보기 슬라이드]와 같이 배열하고, 그룹으로 지정하고, 크기는 너비 21cm, 높이 16cm로 지정
  3) 슬라이드의 배경에서 배경 그래픽 숨기기를 지정하고 그라데이션 채우기의 기본 설정 색은 '새벽'으로 지정하시오.

【보기 – 슬라이드 5】

**5. 슬라이드 5 : 배점 1)번(5), 2)번(3), 3)번(16), 4)번(3)**

1) 새 슬라이드를 '제목만' 슬라이드로 추가하시오.
2) 제목은 '프로그램 실행'으로 입력하시오.
   - 글꼴은 궁서체, 글꼴 크기는 56pt로 지정
3) 도형을 작성하여 실행 설정을 지정하시오.
   - 그리기 도구 모음의 '막힌 원호' 도형을 그리고, 면의 질감은 꽃다발로 지정하고, 너비 8cm, 높이 8cm로 작성
   - 작성된 '막힌 원호' 도형은 3차원 서식으로 입체 효과의 위쪽 '둥글게'와 깊이 36pt를 지정
   - 슬라이드 쇼 실행 시, 마우스를 '막힌 원호' 도형 위에 놓았을 때 메모장 프로그램(NOTEPAD.EXE)이 실행되도록 실행 설정을 지정
   - 실행 설정이 지정된 '막힌 원호' 도형을 복사하여 상하 대칭 지정
   - 작성된 두 개의 '막힌 원호' 도형을 그룹으로 지정
4) 슬라이드 5를 숨기기로 지정하시오.

## ■ 슬라이드 쇼 관련 기능 지정하기

배점 1번(8), 2번(10), 3번(9)

1. 아래 조건에 맞는 화면 전환을 지정하시오.
   - 화면 전환 효과는 '나누기'
   - 효과 옵션은 '가로 안쪽으로'로 지정
   - 1분마다 자동으로만 전환되도록 지정
   - 모든 슬라이드에 지정

2. 아래 조건에 맞는 애니메이션을 지정하시오.
   1) 슬라이드 2번
      - 그림을 제외한 제목, 텍스트에 지정
      - 반드시 지정한 영역은 애니메이션을 이용하여 '나타내기'에 있는 '회전'으로 지정(단, 효과 중복 지정 시 감점처리)
      - 애니메이션 순서는 제목, 텍스트 순으로 지정
   2) 슬라이드 4번
      - 그룹으로 지정된 도형 전체에 지정
      - 반드시 지정한 영역은 애니메이션을 이용하여 '나타내기'에 있는 '닦아내기'로 지정
      - 효과 옵션은 '위에서'로 지정(단, 효과 중복 지정 시 감점처리)

3. 쇼 재구성 기능을 이용하여 아래 조건에 맞게 슬라이드 쇼 재구성을 2개 작성하시오.
   - 첫 번째 재구성되는 슬라이드 쇼 이름은 '프로그램 실행1'로 지정하고, 재구성 목록에 슬라이드 1번과 슬라이드 4번을 지정
   - 두 번째 재구성되는 슬라이드 쇼 이름은 '프로그램 실행2'로 지정하고, 재구성 목록에 슬라이드 1번과 슬라이드 2번, 슬라이드 3번을 지정

## ※ 슬라이드 노트와 유인물 편집하기

배점 1번(15), 2번(15)

【보기 – 슬라이드 노트】

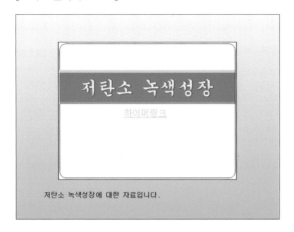

1. [보기] 메뉴의 [슬라이드 노트]를 이용하여 아래와 같은 조건으로 작성하시오.
   1) 슬라이드 1 노트
      - 입력 내용 : 저탄소 녹색성장에 대한 자료입니다.
      - 글꼴은 굴림체, 글꼴 크기는 14pt로 지정
      - 슬라이드 노트 배경에서 그라데이션 채우기의 기본 설정 색은 '이끼'로 지정

【보기 – 유인물 마스터】

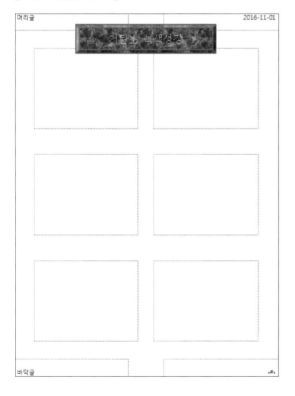

2. [보기] 메뉴의 [유인물 마스터]를 이용하여 아래와 같은 조건으로 작성하시오.
   1) 유인물의 제목을 그리기 도구모음으로 작성하시오.
      - '빗면' 도형을 유인물의 상단에 그리고, 도형의 질감은 녹색 대리석으로 지정하고, '저탄소 녹색성장'을 입력
      - '빗면' 도형 크기는 너비 10cm, 높이 2cm로 지정
      - 글꼴은 바탕체, 글꼴 크기는 20pt, 글꼴효과는 텍스트 그림자로 지정

# 제7회 실전모의고사

## ※ 답안 작성 시 주의사항

- 답안문서 파일명은 응시자의 이름으로 저장하십시오.
- 파워포인트의 기능들을 이용하여 [처리사항]대로 답안문서를 작성하십시오 ([보기 슬라이드]를 참고하시오).
- 반드시 주어진 이미지 자료를 이용하여 답안문서를 작성하십시오 (주어진 이미지 자료 외 다른 자료 이용 시 감점 처리됩니다).
- 워드아트, 표 등을 처리사항에서 지시한 개수 이상 여러 개 작성한 경우 감점 처리됩니다.
- 문제에서 지시한 슬라이드의 순서가 바뀌는 경우 감점요인이 됩니다.
- 서로 다른 처리사항을 같은 위치에 작성한 경우 감점요인이 됩니다 (예) 슬라이드 2의 텍스트 부분에 제목과 텍스트 내용까지 입력한 경우 등).
- 워드아트 또는 텍스트 상자 등을 처리사항에서 지시한 개수 이상 여러 개 작성한 경우 감점요인이 됩니다.
- 문제에서 지시하지 않은 사항은 프로그램의 기본 설정 값으로 지정하십시오.
- 문제에서 별도의 지시사항이 없는 경우, 글자 입력은 텍스트 상자를 원칙으로 합니다.

## ※ 제공 이미지

- 주어진 이미지 자료를 이용하여 답안문서를 작성하시오.
  (첨부파일보기 클릭 시 이미지 자료 페이지 열림)

---

**【보기】**　　　　　　　　　　**【처리사항】**

## ※ 디자인 서식 지정과 마스터 편집하기

배점 1번(5), 2번(11), 3번(14)

1. 전체 슬라이드의 디자인 테마는 모든 슬라이드에 '흐름'을 적용하시오.

2. 마스터 기능을 이용하여 슬라이드 **상단 오른쪽**에 'OOO'을 입력하시오.
   1) 흐름 슬라이드 마스터에 작성
   2) 텍스트 상자를 이용하여 'OOO'에는 응시자 본인의 이름을 입력
   3) 글꼴은 돋움체, 글꼴 크기는 25pt로 지정

3. 슬라이드 번호를 삽입하시오.
   1) 머리글/바닥글 기능을 이용하여 슬라이드 삽입 시 자동으로 추가 되게 지정
   2) 제목 슬라이드를 제외한 모든 슬라이드의 **하단 오른쪽**에 작성
   3) 글꼴 크기는 30pt로 지정
   4) 슬라이드 시작 번호는 2로 지정

# ※ 슬라이드 작성하기

**【보기 - 슬라이드 1】**

## 1. 슬라이드 1 : 배점 1)번(5), 2)번(15), 3)번(7)

1) 새 슬라이드는 '제목 슬라이드'로 지정하시오.
2) 워드아트를 이용하여 제목은 '영화산업'으로 [보기 슬라이드]와 같이 작성하시오.
   - WordArt는 '채우기-진한 청록, 텍스트2, 윤곽선-배경2'로 지정
   - 글꼴은 굴림체, 글꼴 크기는 66pt로 지정
   - 워드아트의 크기는 너비 16cm, 높이 3.5cm로 지정
3) [보기 슬라이드]와 같이 부제목에 '하이퍼링크'를 입력하고, e-Test 홈페이지를 하이퍼링크로 지정하시오.
   (e-Test 홈페이지 : http://www.e-test.co.kr)
   - 글꼴은 돋움체, 글꼴 크기는 37pt로 지정

**【보기 - 슬라이드 2】**

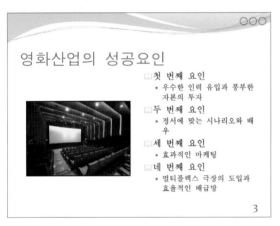

## 2. 슬라이드 2 : 배점 1)번(5), 2)번(3), 3)번(10), 4)번(1), 5)번(3), 6)번(30)

1) 새 슬라이드를 '콘텐츠 2개' 슬라이드로 추가하시오.
2) 제목은 '영화산업의 성공요인'으로 입력하시오.
   - 글꼴은 돋움체, 글꼴 크기는 42pt로 지정
3) [보기 슬라이드]와 같이 내용을 첫째 수준과 둘째 수준으로 입력하시오.

> 첫 번째 요인
>     우수한 인력 유입과 풍부한 자본의 투자
> 두 번째 요인
>     정서에 맞는 시나리오와 배우
> 세 번째 요인
>     효과적인 마케팅
> 네 번째 요인
>     멀티플렉스 극장의 도입과 효율적인 배급망

   - 글꼴은 바탕체, 글꼴 크기는 첫째 수준은 24pt, 둘째 수준은 20pt, 글꼴효과는 굵게
4) 입력한 내용의 줄 간격은 고정 26pt로 지정하시오.
5) 글머리 기호 및 번호 매기기를 이용하여 입력한 내용의 첫째 수준 글머리 기호를 [보기 슬라이드]와 같이 작성하시오.
   - 글머리 기호의 모양은 ▢ , 크기는 85%로 지정
6) [삽입] 메뉴의 [그림]을 이용하여 주어진 '파워제공이미지'를 [보기 슬라이드]와 같이 문자열의 **왼쪽**에 삽입하시오.
   - 그림의 크기는 너비 10cm, 높이 7cm로 지정

【보기 – 슬라이드 3】

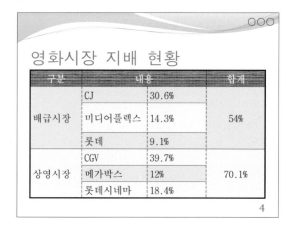

## 3. 슬라이드 3 : 배점 1)번(5), 2)번(3), 3)번(30)

1) 새 슬라이드를 '제목 및 내용' 슬라이드로 추가하시오.
2) 제목은 '영화시장 지배 현황'으로 입력하시오.
   – 글꼴은 돋움체, 글꼴 크기는 46pt로 지정
3) 7행 4열의 표를 작성하고, 아래의 조건대로 작성하시오.
   (반드시 표 형식이 유지되어야 함)
   – 아래 지정된 셀을 각각 셀 병합 지정
   1행 2열 ~ 1행 3열 셀 병합
   2행 1열 ~ 4행 1열 셀 병합
   2행 4열 ~ 4행 4열 셀 병합
   5행 1열 ~ 7행 1열 셀 병합
   5행 4열 ~ 7행 4열 셀 병합
   – 표 전체에 [보기 슬라이드]와 같이 내용을 입력하고, 글꼴은 바탕체, 글꼴 크기는 26pt로 지정
   – 아래의 조건대로 셀 맞춤 지정
   표 전체 : [표 도구]–[레이아웃] 메뉴 [맞춤] 그룹의 세로 가운데 맞춤
   1행 : [표 도구]–[레이아웃] 메뉴 [맞춤] 그룹의 가운데 맞춤
   4열 : [표 도구]–[레이아웃] 메뉴 [맞춤] 그룹의 가운데 맞춤
   – 1행의 채우기는 질감의 '일반 목재'로 지정
   – 표 전체의 안쪽 세로 테두리는 파선, 안쪽 가로 테두리와 바깥쪽 테두리는 실선으로 지정
   – 표 전체 바깥쪽 테두리는 3pt 실선으로 지정

【보기 – 슬라이드 4】

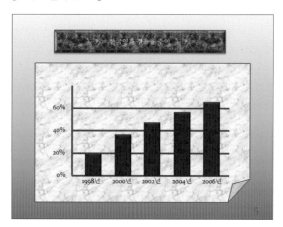

## 4. 슬라이드 4 : 배점 1)번(5), 2)번(54), 3)번(10)

1) 새 슬라이드를 '빈 화면' 슬라이드로 추가하시오.
2) 그리기 도구모음을 이용하여 아래 조건에 맞게 [보기 슬라이드]와 같이 작성하시오.
   – 빗면 도형을 1개 그리고, 면의 질감은 녹색 대리석으로 지정하고, 그림자는 '바깥쪽, 오프셋 아래쪽'을 적용, '한국영화 점유율 추이'을 입력
   – 모서리가 접힌 도형을 1개 그리고, 면의 질감은 흰색 대리석으로 지정
   – 선의 종류가 실선이고, 너비가 5pt인 선 5개 그리기
   – 직사각형 도형을 5개 그리고, 면의 질감은 자주 편물로 지정하고, 3차원 서식으로 입체 효과의 위쪽 '둥글게'를 적용
   – 가로 텍스트 상자를 9개 그리고, '60%', '40%', '20%', '0%', '1998년', '2000년', '2002년', '2004년', '2006년'을 각각 입력
   – 작성된 모든 도형은 [보기 슬라이드]와 같이 배열하고, 그룹으로 지정하고, 크기는 너비 21cm, 높이 16cm로 지정
3) 슬라이드의 배경에서 배경 그래픽 숨기기를 지정하고 그라데이션 채우기의 기본 설정 색은 '이끼'로 지정하시오.

【보기 – 슬라이드 5】

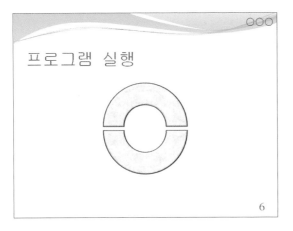

프로그램 실행

5. 슬라이드 5 : 배점 1)번(5), 2)번(3), 3)번(16), 4)번(3)

1) 새 슬라이드를 '제목만' 슬라이드로 추가하시오.
2) 제목은 '프로그램 실행'으로 입력하시오.
 – 글꼴은 굴림체, 글꼴 크기는 46pt로 지정
3) 도형을 작성하여 실행 설정을 지정하시오.
 – 그리기 도구 모음의 '막힌 원호' 도형을 그리고, 면의 질감은 꽃다발로 지정하고, 너비 8cm, 높이 8cm로 작성
 – 작성된 '막힌 원호' 도형은 3차원 서식으로 입체 효과의 위쪽 '둥글게'와 깊이 36pt를 지정
 – 슬라이드 쇼 실행 시, 마우스를 '막힌 원호' 도형 위에 놓았을 때 메모장 프로그램(NOTEPAD.EXE)이 실행되도록 실행 설정을 지정
 – 실행 설정이 지정된 '막힌 원호' 도형을 복사하여 상하 대칭 지정
 – 작성된 두 개의 '막힌 원호' 도형을 그룹으로 지정
4) 슬라이드 5를 숨기기로 지정하시오.

## ※ 슬라이드 쇼 관련 기능 지정하기

배점 1번(8), 2번(10), 3번(9)

1. 아래 조건에 맞는 화면 전환을 지정하시오.
 – 화면 전환 효과는 '덮기'
 – 효과 옵션은 '왼쪽에서'로 지정
 – 50초마다 자동으로만 전환되도록 지정
 – 모든 슬라이드에 지정

2. 아래 조건에 맞는 애니메이션을 지정하시오.
 1) 슬라이드 2번
 – 그림을 제외한 제목, 텍스트에 지정
 – 반드시 지정한 영역은 애니메이션을 이용하여 '나타내기'에 있는 '내밀기'로 지정
 – 효과 옵션은 '오른쪽에서'로 지정(단, 효과 중복 지정 시 감점 처리)
 – 애니메이션 순서는 텍스트, 제목 순으로 지정
 2) 슬라이드 4번
 – 그룹으로 지정된 도형 전체에 지정
 – 반드시 지정한 영역은 애니메이션을 이용하여 '나타내기'에 있는 '휘돌아 나타내기'로 지정(단, 효과 중복 지정 시 감점처리)

3. 쇼 재구성 기능을 이용하여 아래 조건에 맞게 슬라이드 쇼 재구성을 2개 작성하시오.
 – 첫 번째 재구성되는 슬라이드 쇼 이름은 '프로그램 실행1'로 지정하고, 재구성 목록에 슬라이드 2번과 슬라이드 3번을 지정
 – 두 번째 재구성되는 슬라이드 쇼 이름은 '프로그램 실행2'로 지정하고, 재구성 목록에 슬라이드 1번과 슬라이드 2번, 슬라이드 3번을 지정

## ▦ 슬라이드 노트와 유인물 편집하기

배점 1번(15), 2번(15)

【보기 – 슬라이드 노트】

1. [보기] 메뉴의 [슬라이드 노트]를 이용하여 아래와 같은 조건으로 작성하시오.
   1) 슬라이드 1 노트
      - 입력 내용 : 영화산업의 지배 및 점유율과 관련된 자료입니다.
      - 글꼴은 바탕체, 글꼴 크기는 15pt로 지정
      - 슬라이드 노트 배경에서 그라데이션 채우기의 기본 설정 색은 '새벽'으로 지정

【보기 – 유인물 마스터】

2. [보기] 메뉴의 [유인물 마스터]를 이용하여 아래와 같은 조건으로 작성하시오.
   1) 유인물의 제목을 그리기 도구모음으로 작성하시오.
      - '모서리가 둥근 직사각형' 도형을 유인물의 상단에 그리고, 도형의 질감은 자주 편물로 지정하고, '영화산업 자료'를 입력
      - '모서리가 둥근 직사각형' 도형 크기는 너비 10cm, 높이 1.5cm로 지정
      - 글꼴은 궁서체, 글꼴 크기는 22pt, 글꼴효과는 텍스트 그림자로 지정

# 제8회 실전모의고사

※ **답안 작성 시 주의사항**

- 답안문서 파일명은 응시자의 이름으로 저장하십시오.
- 파워포인트의 기능들을 이용하여 [**처리사항**]대로 답안문서를 작성하십시오 ([**보기 슬라이드**]를 참고하시오).
- 반드시 주어진 이미지 자료를 이용하여 답안문서를 작성하십시오 (주어진 이미지 자료 외 다른 자료 이용 시 감점 처리됩니다).
- 워드아트, 표 등을 처리사항에서 지시한 개수 이상 여러 개 작성한 경우 감점 처리됩니다.
- 문제에서 지시한 슬라이드의 순서가 바뀌는 경우 감점요인이 됩니다.
- 서로 다른 처리사항을 같은 위치에 작성한 경우 감점요인이 됩니다 (예) 슬라이드 2의 텍스트 부분에 제목과 텍스트 내용까지 입력한 경우 등).
- 워드아트 또는 텍스트 상자 등을 처리사항에서 지시한 개수 이상 여러 개 작성한 경우 감점요인이 됩니다.
- 문제에서 지시하지 않은 사항은 프로그램의 기본 설정 값으로 지정하십시오.
- 문제에서 별도의 지시사항이 없는 경우, 글자 입력은 텍스트 상자를 원칙으로 합니다.

※ **제공 이미지**

- 주어진 이미지 자료를 이용하여 답안문서를 작성하시오.
  (첨부파일보기 클릭 시 이미지 자료 페이지 열림)

| 【보기】 | 【처리사항】 |
|---|---|

## ※ **디자인 서식 지정과 마스터 편집하기**

배점 1번(5), 2번(11), 3번(14)

1. 전체 슬라이드의 디자인 테마는 모든 슬라이드에 '광장'을 적용하시오.

2. 마스터 기능을 이용하여 슬라이드 **상단 오른쪽**에 '○○○'을 입력하시오.
   1) 광장 슬라이드 마스터에 작성
   2) 텍스트 상자를 이용하여 '○○○'에는 응시자 본인의 이름을 입력
   3) 글꼴은 궁서체, 글꼴 크기는 23pt로 지정

3. 슬라이드 번호를 삽입하시오.
   1) 머리글/바닥글 기능을 이용하여 슬라이드 삽입 시 자동으로 추가 되게 지정
   2) 제목 슬라이드를 제외한 모든 슬라이드의 **하단 오른쪽**에 작성
   3) 글꼴 크기는 20pt로 지정
   4) 슬라이드 시작 번호는 2로 지정

# ▨ 슬라이드 작성하기

**【보기 – 슬라이드 1】**

**1. 슬라이드 1 : 배점 1)번(5), 2)번(15), 3)번(7)**

1) 새 슬라이드를 '제목 슬라이드' 슬라이드로 지정하시오.
2) 워드아트를 이용하여 제목은 '수면장애'로 [보기 슬라이드]와 같이 작성하시오.
   - WordArt는 '그라데이션 채우기-옥색, 강조1'로 지정
   - 글꼴은 돋움체, 글꼴 크기는 70pt로 지정
   - 워드아트의 크기는 너비 20cm, 높이 3.5cm로 지정
3) [보기 슬라이드]와 같이 부제목에 '하이퍼링크'를 입력하고, e-Test 홈페이지를 하이퍼링크로 지정하시오.
   (e-Test 홈페이지 : http://www.e-test.co.kr)
   - 글꼴은 굴림체, 글꼴 크기는 30pt로 지정

**【보기 – 슬라이드 2】**

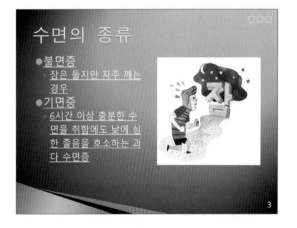

**2. 슬라이드 2 : 배점 1)번(5), 2)번(3), 3)번(10), 4)번(1), 5)번(3), 6)번(30)**

1) 새 슬라이드를 '콘텐츠 2개' 슬라이드로 추가하시오.
2) 제목은 '수면의 종류'로 입력하시오.
   - 글꼴은 돋움체, 글꼴 크기는 50pt로 지정
3) [보기 슬라이드]와 같이 내용을 첫째 수준과 둘째 수준으로 입력하시오.

> 불면증
>     잠은 들지만 자주 깨는 경우
> 기면증
>     6시간 이상 충분한 수면을 취함에도 낮에는 심한 졸음을 호소하는 과다 수면증

   - 글꼴은 맑은 고딕(본문), 글꼴 크기는 첫째 수준은 30pt, 둘째 수준은 25pt, 글꼴효과는 밑줄
4) 입력한 내용의 줄 간격은 고정 36pt로 지정하시오.
5) 글머리 기호 및 번호 매기기를 이용하여 입력한 내용의 첫째 수준 글머리 기호를 [보기 슬라이드]와 같이 작성하시오.
   - 글머리 기호의 모양은 ●, 크기는 100%로 지정
6) [삽입] 메뉴의 [그림]을 이용하여 주어진 '파워제공이미지'를 [보기 슬라이드]와 같이 문자열의 **오른쪽**에 삽입하시오.
   - 그림의 크기는 너비 10cm, 높이 10cm로 지정

【보기 – 슬라이드 3】

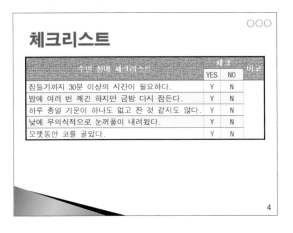

3. 슬라이드 3 : 배점 1)번(5), 2)번(3), 3)번(30)

1) 새 슬라이드를 '제목 및 내용'으로 추가하시오.
2) 제목은 '체크리스트'로 입력하시오.
  – 글꼴은 HY견고딕, 글꼴 크기는 45pt로 지정
3) 7행 4열의 표를 작성하고, 아래의 조건대로 작성하시오.
  (반드시 표 형식이 유지되어야 함)
  – 아래 지정된 셀을 각각 셀 병합 지정
  1행 1열 ~ 2행 1열 셀 병합
  1행 2열 ~ 1행 3열 셀 병합
  1행 4열 ~ 2행 4열 셀 병합
  3행 4열 ~ 7행 4열 셀 병합
  – 표 전체에 [보기 슬라이드]와 같이 내용을 입력하고, 글꼴은
  돋움체, 글꼴 크기는 20pt로 지정
  – 아래의 조건대로 셀 맞춤 지정
  표 전체 : [표 도구] – [레이아웃] 메뉴 [맞춤] 그룹의 세로 가운데
  맞춤
  1행 1열 ~ 2행 4열 : [표 도구] – [레이아웃] 메뉴 [맞춤] 그룹의
  가운데 맞춤
  3행 2열 ~ 7행 3열 : [표 도구] – [레이아웃] 메뉴 [맞춤] 그룹의
  가운데 맞춤
  – 1행의 채우기는 질감의 '데님'으로 지정
  – 표 전체의 안쪽 세로 테두리는 점선, 안쪽 가로 테두리와 바
  깥쪽 테두리는 실선으로 지정
  – 표 전체 바깥쪽 테두리는 3pt 실선으로 지정

【보기 – 슬라이드 4】

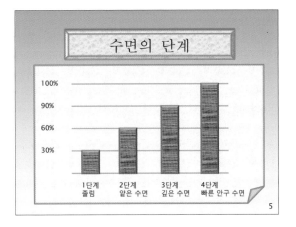

4. 슬라이드 4 : 배점 1)번(5), 2)번(54), 3)번(10)

1) 새 슬라이드를 '빈 화면' 슬라이드로 추가하시오.
2) 그리기 도구모음을 이용하여 아래 조건에 맞게 [보기 슬라이드]
  와 같이 작성하시오.
  – 빗면 도형을 1개 그리고, 면의 질감은 작은 물방울로 지정하
  고, 그림자는 '바깥쪽, 오프셋 위쪽'을 적용, '수면의 단계'를
  입력, 글꼴 바탕체, 글꼴 크기 40pt, 글자색 검정색 지정
  – 모서리가 접힌 도형을 1개 그리고, 면의 질감은 파랑 박엽지
  로 지정
  – 선의 종류가 실선이고, 너비가 3pt인 선 5개 그리기
  – 직사각형 도형을 4개 그리고, 면의 질감은 일반 목재로 지정
  하고, 3차원 서식으로 입체 효과의 위쪽 '둥글게'를 적용
  – 가로 텍스트 상자를 8개 그리고, '100%', '90%', '60%',
  '30%', '1단계 졸림', '2단계 얕은 수면', '3단계 깊은 수면', '4단
  계 빠른 안구 수면'을 각각 입력
  – 작성된 모든 도형은 [보기 슬라이드]와 같이 배열하고, 그룹으
  로 지정하고, 크기는 너비 22cm, 높이 16cm로 지정
3) 슬라이드의 배경 서식에서 배경 그래픽 숨기기를 지정하고 그라
  데이션 채우기의 기본 설정 색은 '새벽'으로 지정하시오.

【보기 – 슬라이드 5】

## 5. 슬라이드 5 : 배점 1)번(5), 2)번(3), 3)번(16), 4)번(3)

1) 새 슬라이드를 '제목만' 슬라이드로 추가하시오.
2) 제목은 '프로그램 실행'으로 입력하시오.
   - 글꼴은 궁서체, 글꼴 크기는 50pt로 지정
3) 도형을 작성하여 실행 설정을 지정하시오.
   - 그리기 도구 모음의 '오른쪽 화살표' 도형을 그리고, 면의 질감은 모래로 지정하고, 너비 10cm, 높이 10cm로 작성
   - 작성된 '오른쪽 화살표' 도형은 3차원 서식으로 입체 효과의 위쪽 '둥글게'와 깊이 90pt를 지정
   - 슬라이드 쇼 실행 시, 마우스를 '오른쪽 화살표' 도형 위에 놓았을 때 메모장 프로그램(NOTEPAD.EXE)이 실행되도록 실행 설정을 지정
   - 실행 설정이 지정된 '오른쪽 화살표' 도형을 복사하여 좌우 대칭 지정
   - 작성된 두 개의 '오른쪽 화살표' 도형을 그룹으로 지정
4) 슬라이드 5를 숨기기로 지정하시오.

## ▓ 슬라이드 쇼 관련 기능 지정하기

배점 1번(8), 2번(10), 3번(9)

1. 아래 조건에 맞는 화면 전환을 지정하시오.
   - 화면 전환 효과는 '밀어내기'
   - 효과 옵션은 '위에서'로 지정
   - 50초마다 자동으로만 전환되도록 지정
   - 모든 슬라이드에 지정

2. 아래 조건에 맞는 애니메이션을 지정하시오.
   1) 슬라이드 2번
      - 그림을 제외한 제목, 텍스트에 지정
      - 반드시 지정한 영역은 애니메이션을 이용하여 '나타내기'에 있는 '날아오기'로 지정
      - 효과 옵션은 '왼쪽에서'로 지정(단, 효과 중복 지정 시 감점처리)
      - 애니메이션 순서는 제목, 텍스트 순으로 지정
   2) 슬라이드 4번
      - 그룹으로 지정된 도형 전체에 지정
      - 반드시 지정한 영역은 애니메이션을 이용하여 '나타내기'에 있는 '도형'으로 지정
      - 효과 옵션은 '안쪽'으로 지정(단, 효과 중복 지정 시 감점처리)

3. 쇼 재구성 기능을 이용하여 아래 조건에 맞게 슬라이드 쇼 재구성을 2개 작성하시오.
   - 첫 번째 재구성되는 슬라이드 쇼 이름은 '프로그램 실행1'로 지정하고, 재구성 목록에 슬라이드 1번과 슬라이드 3번을 지정
   - 두 번째 재구성되는 슬라이드 쇼 이름은 '프로그램 실행2'로 지정하고, 재구성 목록에 슬라이드 2번과 슬라이드 3번, 슬라이드 4번을 지정

# ▦ 슬라이드 노트와 유인물 편집하기

배점 1번(15), 2번(15)

【보기 – 슬라이드 노트】

1. [보기] 메뉴의 [슬라이드 노트]를 이용하여 아래와 같은 조건으로 작성하시오.
   1) 슬라이드 1 노트
      – 입력 내용 : 수면장애에 관련된 자료입니다.
      – 글꼴은 돋움체, 글꼴 크기는 15pt로 지정
      – 슬라이드 노트 배경에서 그라데이션 채우기의 기본 설정 색은 '가로'로 지정

【보기 – 유인물 마스터】

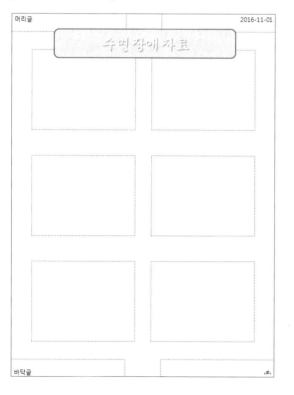

2. [보기] 메뉴의 [유인물 마스터]를 이용하여 아래와 같은 조건으로 작성하시오.
   1) 유인물의 제목을 그리기 도구모음으로 작성하시오.
      – '모서리가 둥근 직사각형' 도형을 유인물의 상단에 그리고, 도형의 질감은 파랑 박엽지로 지정하고, '수면장애자료'를 입력
      – '모서리가 둥근 직사각형' 도형 크기는 너비 13cm, 높이 2cm로 지정
      – 글꼴은 궁서체, 글꼴 크기는 30pt, 글꼴효과는 텍스트 그림자로 지정

# 제9회 실전모의고사

## ▒ 답안 작성 시 주의사항

- 답안문서 파일명은 응시자의 이름으로 저장하십시오.
- 파워포인트의 기능들을 이용하여 [처리사항]대로 답안문서를 작성하십시오 ([보기 슬라이드]를 참고하시오).
- 반드시 주어진 이미지 자료를 이용하여 답안문서를 작성하십시오 (주어진 이미지 자료 외 다른 자료 이용 시 감점 처리됩니다).
- 워드아트, 표 등을 처리사항에서 지시한 개수 이상 여러 개 작성한 경우 감점 처리됩니다.
- 문제에서 지시한 슬라이드의 순서가 바뀌는 경우 감점요인이 됩니다.
- 서로 다른 처리사항을 같은 위치에 작성한 경우 감점요인이 됩니다 (예) 슬라이드 2의 텍스트 부분에 제목과 텍스트 내용까지 입력한 경우 등).
- 워드아트 또는 텍스트 상자 등을 처리사항에서 지시한 개수 이상 여러 개 작성한 경우 감점요인이 됩니다.
- 문제에서 지시하지 않은 사항은 프로그램의 기본 설정 값으로 지정하십시오.
- 문제에서 별도의 지시사항이 없는 경우, 글자 입력은 텍스트 상자를 원칙으로 합니다.

## ▒ 제공 이미지

- 주어진 이미지 자료를 이용하여 답안문서를 작성하시오.
  (첨부파일보기 클릭 시 이미지 자료 페이지 열림)

| 【보기】 | 【처리사항】 |
|---|---|

## ▒ 디자인 서식 지정과 마스터 편집하기

배점 1번(5), 2번(11), 3번(14)

1. 전체 슬라이드의 디자인 테마는 모든 슬라이드에 '고구려 벽화'를 적용하시오.

2. 마스터 기능을 이용하여 슬라이드 **상단 왼쪽**에 '○○○'을 입력하시오.
   1) 고구려 벽화 슬라이드 마스터에 작성
   2) 텍스트 상자를 이용하여 '○○○'에는 응시자 본인의 이름을 입력
   3) 글꼴은 돋움체, 글꼴 크기는 35pt로 지정

3. 슬라이드 번호를 삽입하시오.
   1) 머리글/바닥글 기능을 이용하여 슬라이드 삽입 시 자동으로 추가 되게 지정
   2) 제목 슬라이드를 제외한 모든 슬라이드의 **하단 오른쪽**에 작성
   3) 글꼴 크기는 15pt로 지정
   4) 슬라이드 시작 번호는 3으로 지정

## ■ 슬라이드 작성하기

【보기 – 슬라이드 1】

1. 슬라이드 1 : 배점 1)번(5), 2)번(15), 3)번(7)

   1) 새 슬라이드를 '제목 슬라이드'로 지정하시오.

   2) 워드아트를 이용하여 제목은 '동계 올림픽'으로 [보기 슬라이드]와 같이 작성하시오.

      – WordArt는 '채우기-녹색, 강조2, 부드러운 무광택 입체'로 지정

      – 글꼴은 궁서체, 글꼴 크기는 80pt로 지정

      – 워드아트의 크기는 너비 20cm, 높이 3.5cm로 지정

   3) [보기 슬라이드]와 같이 부제목에 '하이퍼링크'를 입력하고, e-Test 홈페이지를 하이퍼링크로 지정하시오.

      (e-Test 홈페이지 : http://www.e-test.co.kr)

      – 글꼴은 돋움체, 글꼴 크기는 24pt로 지정

【보기 – 슬라이드 2】

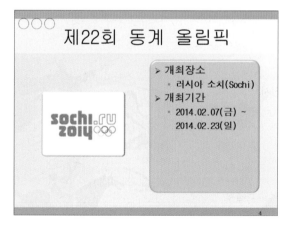

2. 슬라이드 2 : 배점 1)번(5), 2)번(3), 3)번(10), 4)번(1), 5)번(3), 6)번(30)

   1) 새 슬라이드를 '콘텐츠 2개' 슬라이드로 추가하시오.

   2) 제목은 '제22회 동계 올림픽'으로 입력하시오.

      – 글꼴은 굴림체, 글꼴 크기는 50pt로 지정

   3) [보기 슬라이드]와 같이 내용을 첫째 수준과 둘째 수준으로 입력하시오.

| 개최장소 |
| --- |
|     러시아 소치(Sochi) |
| 개최기간 |
|     2014.02.07(금) ~ 2014.02.23(일) |

      – 글꼴은 돋움체, 글꼴 크기는 첫째 수준은 28pt, 둘째 수준은 24pt, 글꼴효과는 굵게

   4) 입력한 내용의 줄 간격은 고정 36pt로 지정하시오.

   5) 글머리 기호 및 번호 매기기를 이용하여 입력한 내용의 첫째 수준 글머리 기호를 [보기 슬라이드]와 같이 작성하시오.

      – 글머리 기호의 모양은 ➤, 크기는 80%로 지정

   6) [삽입] 메뉴의 [그림]을 이용하여 주어진 '파워제공이미지'를 [보기 슬라이드]와 같이 문자열의 왼쪽에 삽입하시오.

      – 그림의 크기는 너비 8cm, 높이 6cm로 지정

【보기 – 슬라이드 3】

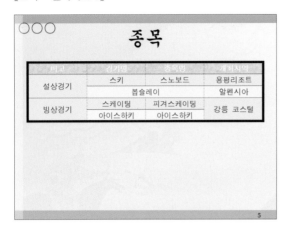

3. 슬라이드 3 : 배점 1)번(5), 2)번(3), 3)번(30)

1) 새 슬라이드를 '제목 및 내용' 슬라이드로 추가하시오.
2) 제목은 '종목'으로 입력하시오.
   – 글꼴은 궁서체, 글꼴 크기는 50pt로 지정
3) 5행 4열의 표를 작성하고, 아래의 조건대로 작성하시오.
   (반드시 표 형식이 유지되어야 함)
   – 아래 지정된 셀을 각각 셀 병합 지정
   2행 1열 ~ 3행 1열 셀 병합
   3행 2열 ~ 3행 3열 셀 병합
   4행 1열 ~ 5행 1열 셀 병합
   4행 4열 ~ 5행 4열 셀 병합
   – 표 전체에 [보기 슬라이드]와 같이 내용을 입력하고, 글꼴은 돋움체, 글꼴 크기는 20pt로 지정
   – 아래의 조건대로 셀 맞춤 지정
   – 표 전체 : [표 도구]−[레이아웃] 메뉴 [맞춤] 그룹의 세로 가운데 맞춤, 가운데 맞춤 지정
   – 1행의 채우기는 질감의 '분홍 박엽지'로 지정
   – 표 전체의 안쪽 세로 테두리는 점선, 안쪽 가로 테두리와 바깥쪽 테두리는 실선으로 지정
   – 표 전체 바깥쪽 테두리는 6pt 실선으로 지정

【보기 – 슬라이드 4】

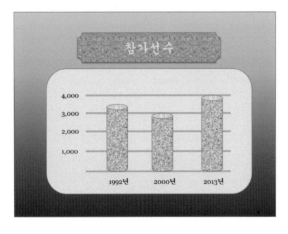

4. 슬라이드 4 : 배점 1)번(5), 2)번(54), 3)번(10)

1) 새 슬라이드를 '빈 화면' 슬라이드로 추가하시오.
2) 그리기 도구모음을 이용하여 아래 조건에 맞게 [보기 슬라이드]와 같이 작성하시오.
   – 배지 도형을 1개 그리고, 면의 질감은 코르크를 지정하고, 그림자는 '바깥쪽, 오프셋 아래쪽'을 적용, '참가선수'를 입력, 글꼴은 궁서체, 글꼴 크기 35pt, 글자색 노랑 지정
   – 모서리가 둥근 직사각형 도형을 1개 그리고, 면의 질감은 재생지로 지정
   – 선의 종류가 실선이고, 너비가 5pt인 선 5개 그리기
   – 원통 도형을 3개 그리고, 질감은 화강암으로 지정
   – 가로 텍스트 상자를 7개 그리고, '4,000', '3,000', '2,000', '1,000', '1992년', '2000년', '2013년'을 각각 입력
   – 작성된 모든 도형은 [보기 슬라이드]와 같이 배열하고, 그룹으로 지정하고, 크기는 너비 20cm, 높이 15cm로 지정
3) 슬라이드의 배경에서 배경 그래픽 숨기기를 지정하고 그라데이션 채우기의 기본 설정 색은 '마호가니'로 지정하시오.

【보기 – 슬라이드 5】

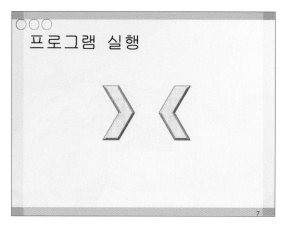

## 5. 슬라이드5 : 배점 1)번(5), 2)번(3), 3)번(16), 4)번(3)

1) 새 슬라이드를 '제목만' 슬라이드로 추가하시오.
2) 제목은 '프로그램 실행'으로 입력하시오.
   - 글꼴은 굴림체, 글꼴 크기는 46pt로 지정
3) 도형을 작성하여 실행 설정을 지정하시오.
   - 그리기 도구 모음의 '갈매기형 수장' 도형을 그리고, 면의 질
     감은 파피루스로 지정하고, 너비 3cm, 높이 5cm로 작성
   - 작성된 '갈매기형 수장' 도형은 3차원 서식으로 입체 효과의
     위쪽 '각지게'와 깊이 20pt를 지정
   - 슬라이드 쇼 실행 시, 마우스를 '갈매기형 수장' 도형 위에 놓
     았을 때 메모장 프로그램(NOTEPAD.EXE)이 실행되도록 실
     행 설정을 지정
   - 실행 설정이 지정된 '갈매기형 수장' 도형을 복사하여 좌우 대
     칭 지정
   - 작성된 두 개의 '갈매기형 수장' 도형을 그룹으로 지정
4) 슬라이드 5를 숨기기로 지정하시오.

## ▣ 슬라이드 쇼 관련 기능 지정하기

배점 1번(8), 2번(10), 3번(9)

1. 아래 조건에 맞는 화면 전환을 지정하시오.
   - 화면 전환 효과는 '당기기'
   - 효과 옵션은 '왼쪽에서'로 지정
   - 50초마다 자동으로만 전환되도록 지정
   - 모든 슬라이드에 지정

2. 아래 조건에 맞는 애니메이션을 지정하시오.
   1) 슬라이드 2번
      - 그림을 제외한 제목, 텍스트에 지정
      - 반드시 지정한 영역은 애니메이션을 이용하여 '나타내기'에 있
        는 '올라오기'로 지정
      - 효과 옵션은 '떠오르며 올라오기'로 지정(단, 효과 중복 지정
        시 감점처리)
      - 애니메이션 순서는 제목, 텍스트 순으로 지정
   2) 슬라이드 4번
      - 그룹으로 지정된 도형 전체에 지정
      - 반드시 지정한 영역은 애니메이션을 이용하여 '나타내기'에 있
        는 '나누기'로 지정
      - 효과 옵션은 '세로 안쪽으로' 지정(단, 효과 중복 지정 시 감점처리)

3. 쇼 재구성 기능을 이용하여 아래 조건에 맞게 슬라이드 쇼 재구
   성을 2개 작성하시오.
   - 첫 번째 재구성되는 슬라이드 쇼 이름은 '프로그램 실행 1'로
     지정하고, 재구성 목록에 슬라이드 1번과 슬라이드 4번을 지정
   - 두 번째 재구성되는 슬라이드 쇼 이름은 '프로그램 실행 2'로
     지정하고, 재구성 목록에 슬라이드 1번과 슬라이드 2번, 슬라
     이드 4번을 지정

# ■ 슬라이드 노트와 유인물 편집하기

배점 1번(15), 2번(15)

【보기 - 슬라이드 노트】

1) 슬라이드 1 노트
- 입력 내용 : 동계올림픽에 관련된 자료입니다.
- 글꼴은 돋움체, 글꼴 크기는 15pt로 지정
- 슬라이드 노트 배경에서 그라데이션 채우기의 기본 설정 색은 '잔잔한 물로 지정

【보기 - 유인물 마스터】

2. [보기] 메뉴의 [유인물 마스터]를 이용하여 아래와 같은 조건으로 작성하시오.
1) 유인물의 제목을 그리기 도구모음으로 작성하시오.
- '직사각형' 도형을 유인물의 상단에 그리고, 도형의 질감은 녹색 대리석으로 지정하고, '동계 올림픽 역사'를 입력
- '직사각형' 도형 크기는 너비 8cm, 높이 2cm로 지정
- 글꼴은 바탕체, 글꼴 크기는 20pt, 글꼴효과는 텍스트 그림자로 지정

# 제10회 실전모의고사

## ▨ 답안 작성 시 주의사항

- 답안문서 파일명은 응시자의 이름으로 저장하십시오.
- 파워포인트의 기능들을 이용하여 **[처리사항]**대로 답안문서를 작성하십시오 (**[보기 슬라이드]**를 참고하시오).
- 반드시 주어진 이미지 자료를 이용하여 답안문서를 작성하십시오 (주어진 이미지 자료 외 다른 자료 이용 시 감점 처리됩니다).
- 워드아트, 표 등을 처리사항에서 지시한 개수 이상 여러 개 작성한 경우 감점 처리됩니다.
- 문제에서 지시한 슬라이드의 순서가 바뀌는 경우 감점요인이 됩니다.
- 서로 다른 처리사항을 같은 위치에 작성한 경우 감점요인이 됩니다 (예) 슬라이드 2의 텍스트 부분에 제목과 텍스트 내용까지 입력한 경우 등).
- 워드아트 또는 텍스트 상자 등을 처리사항에서 지시한 개수 이상 여러 개 작성한 경우 감점요인이 됩니다.
- 문제에서 지시하지 않은 사항은 프로그램의 기본 설정 값으로 지정하십시오.
- 문제에서 별도의 지시사항이 없는 경우, 글자 입력은 텍스트 상자를 원칙으로 합니다.

## ▨ 제공 이미지

- 주어진 이미지 자료를 이용하여 답안문서를 작성하시오.
  (첨부파일보기 클릭 시 이미지 자료 페이지 열림)

---

| 【보기】 | 【처리사항】 |
| --- | --- |

## ▨ 디자인 서식 지정과 마스터 편집하기

배점 1번(5), 2번(11), 3번(14)

1. 전체 슬라이드의 디자인 테마는 모든 슬라이드에 '가을'을 적용하시오.

2. 마스터 기능을 이용하여 슬라이드 **하단 오른쪽**에 'OOO'을 입력하시오.
   1) 가을 슬라이드 마스터에 작성
   2) 텍스트 상자를 이용하여 'OOO'에는 응시자 본인의 이름을 입력
   3) 글꼴은 궁서체, 글꼴 크기는 35pt로 지정

3. 슬라이드 번호를 삽입하시오.
   1) 머리글/바닥글 기능을 이용하여 슬라이드 삽입 시 자동으로 추가 되게 지정
   2) 제목 슬라이드를 제외한 모든 슬라이드의 **상단 왼쪽**에 작성
   3) 글꼴 크기는 20pt로 지정, 글자색 검정으로 지정
   4) 슬라이드 시작 번호는 5로 지정

## ▦ 슬라이드 작성하기

【보기 - 슬라이드 1】

1. 슬라이드 1 : 배점 1)번(5), 2)번(15), 3)번(7)

   1) 새 슬라이드를 '제목 슬라이드' 슬라이드로 지정하시오.
   2) 워드아트를 이용하여 제목은 '독도는 우리땅'으로 [보기 슬라이드]와 같이 작성하시오.
      - WordArt는 '채우기-밤색, 텍스트2, 윤곽선-배경2'로 지정
      - 글꼴은 돋움체, 글꼴 크기는 50pt로 지정
      - 워드아트의 크기는 너비 15cm, 높이 3cm로 지정
   3) [보기 슬라이드]와 같이 부제목에 '하이퍼링크'를 입력하고, e-Test 홈페이지를 하이퍼링크로 지정하시오.
     (e-Test 홈페이지 : http://www.e-test.co.kr)
      - 글꼴은 바탕체, 글꼴 크기는 26pt로 지정

【보기 - 슬라이드 2】

2. 슬라이드 2 : 배점 1)번(5), 2)번(3), 3)번(10), 4)번(1), 5)번(3), 6)번(30)

   1) 새 슬라이드를 '콘텐츠 2개' 슬라이드로 추가하시오.
   2) 제목은 '독도 바로 알기'로 입력하시오.
      - 글꼴은 돋움체, 글꼴 크기는 50pt로 지정
   3) [보기 슬라이드]와 같이 내용을 첫째 수준과 둘째 수준으로 입력하시오.

> 독도지명
>     우산도 -> 삼봉도 -> 가지도 -> 석도 -> 독도
> 독도 어장의 특색
>     청정수역
>     한류와 난류가 교차하는 지역

      - 글꼴은 굴림체, 글꼴 크기는 첫째 수준은 30pt, 둘째 수준은 25pt, 글꼴효과는 밑줄
   4) 입력한 내용의 줄 간격은 고정 36pt로 지정하시오.
   5) 글머리 기호 및 번호 매기기를 이용하여 입력한 내용의 첫째 수준 글머리 기호를 [보기 슬라이드]와 같이 작성하시오.
      - 글머리 기호의 모양은 ◆, 크기는 60%로 지정
   6) [삽입] 메뉴의 [그림]을 이용하여 주어진 '파워제공이미지'를 [보기 슬라이드]와 같이 문자열의 **오른쪽**에 삽입하시오.
      - 그림의 크기는 너비 10cm, 높이 7cm로 지정

【보기 - 슬라이드 3】

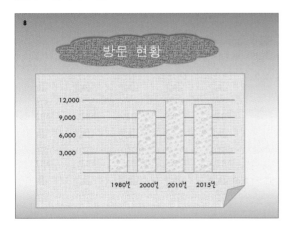

| 7 자연환경 | | |
|---|---|---|
| 식물 | 초본류 | 민들레, 괭이밥, 섬장대, 강아지풀 등 |
| | 목본류 | 곰솔(해송), 섬괴불나무 등 |
| 곤충 | | 된장잠자리,민집게벌레 |
| 조류 | | 바다제비, 슴새 |
| 해양생물 | 주요어류 | 꽁치, 방어, 복어, 전어, 붕장어 등 |
| | 패류 | 전복, 소라, 홍합 등 |
| | 해조류 | 미역, 다시마, 김 등 |
| | 기타 수산물 | 해삼, 새우, 홍게 및 성게 등 |

3. 슬라이드 3 : 배점 1)번(5), 2)번(3), 3)번(30)

1) 새 슬라이드를 '제목 및 내용'으로 추가하시오.
2) 제목은 '자연환경'으로 입력하시오.
 - 글꼴은 돋움체, 글꼴 크기는 50pt로 지정
3) 9행 3열의 표를 작성하고, 아래의 조건대로 작성하시오.
 (반드시 표 형식이 유지되어야 함)
 - 아래 지정된 셀을 각각 셀 병합 지정
 1행 1열 ~ 1행 2열 셀 병합
 2행 1열 ~ 3행 1열 셀 병합
 4행 2열 ~ 4행 3열 셀 병합
 5행 2열 ~ 5행 3열 셀 병합
 6행 1열 ~ 9행 1열 셀 병합
 - 표 전체에 [보기 슬라이드]와 같이 내용을 입력하고, 글꼴은 굴림체, 글꼴 크기는 20pt로 지정
 - 아래의 조건대로 셀 맞춤 지정
 표 전체 : [표 도구]-[레이아웃] 메뉴 [맞춤] 그룹의 세로 가운데 맞춤, 가운데 맞춤 지정
 - 1행의 채우기는 질감의 '꽃다발'로 지정
 - 표 전체의 안쪽 세로 테두리는 파선, 안쪽 가로 테두리와 바깥쪽 테두리는 실선으로 지정
 - 표 전체 바깥쪽 테두리는 3pt 실선으로 지정

【보기 - 슬라이드 4】

4. 슬라이드 4 : 배점 1)번(5), 2)번(54), 3)번(10)

1) 새 슬라이드를 '빈 화면' 슬라이드로 추가하시오.
2) 그리기 도구모음을 이용하여 아래 조건에 맞게 [보기 슬라이드]와 같이 작성하시오.
 - 구름 도형을 1개 그리고, 면의 질감은 데님으로 지정하고, 그림자는 '바깥쪽, 오프셋 위쪽'을 적용, '방문 현황'을 입력, 글꼴 돋움체, 글꼴 크기 36pt
 - 모서리가 접힌 도형을 1개 그리고, 면의 질감은 캔버스로 지정
 - 선의 종류가 실선이고, 선 색은 검정색이고, 너비가 1pt인 선 5개 그리기
 - 직사각형 도형을 4개 그리고, 면의 질감은 작은물방울로 지정
 - 가로 텍스트 상자를 8개 그리고, '12,000', '9,000', '6,000', '3,000', '1980년', '2000년', '2010년', '2015년'을 각각 입력
 - 작성된 모든 도형은 [보기 슬라이드]와 같이 배열하고, 그룹으로 지정하고, 크기는 너비 20cm, 높이 16cm로 지정
3) 슬라이드의 배경 서식에서 배경 그래픽 숨기기를 지정하고 그라데이션 채우기의 기본 설정 색은 '안개'로 지정하시오.

【보기 – 슬라이드 5】

**5. 슬라이드 5 : 배점 1)번(5), 2)번(3), 3)번(16), 4)번(3)**

1) 새 슬라이드를 '제목만' 슬라이드로 추가하시오.
2) 제목은 '프로그램 실행'으로 입력하시오.
   – 글꼴은 돋움체, 글꼴 크기는 45pt로 지정
3) 도형을 작성하여 실행 설정을 지정하시오.
   – 그리기 도구 모음의 '해' 도형을 그리고, 면의 질감은 물고기 화석으로 지정하고, 너비 5cm, 높이 5cm로 작성
   – 작성된 '해' 도형은 3차원 서식으로 입체 효과의 위쪽 '각지게'와 깊이 20pt를 지정
   – 슬라이드 쇼 실행 시, 마우스를 '해' 도형 위에 놓았을 때 메모장 프로그램(NOTEPAD.EXE)이 실행되도록 실행 설정을 지정
   – 실행 설정이 지정된 '해' 도형을 복사하여 좌우 대칭 지정
   – 작성된 두 개의 '해' 도형을 그룹으로 지정
4) 슬라이드 5를 숨기기로 지정하시오.

## ■ 슬라이드 쇼 관련 기능 지정하기

배점 1번(8), 2번(10), 3번(9)

1. 아래 조건에 맞는 화면 전환을 지정하시오.
   – 화면 전환 효과는 '덮기'
   – 효과 옵션은 '오른쪽 위에서'로 지정
   – 50초마다 자동으로만 전환되도록 지정
   – 모든 슬라이드에 지정

2. 아래 조건에 맞는 애니메이션을 지정하시오.
   1) 슬라이드 2번
      – 그림을 제외한 제목, 텍스트에 지정
      – 반드시 지정한 영역은 애니메이션을 이용하여 '나타내기'에 있는 '회전'으로 지정
      – 애니메이션 순서는 제목, 텍스트 순으로 지정
   2) 슬라이드 4번
      – 그룹으로 지정된 도형 전체에 지정
      – 반드시 지정한 영역은 애니메이션을 이용하여 '나타내기'에 있는 '날아오기'로 지정
      – 효과 옵션은 '오른쪽에서'로 지정(단, 효과 중복 지정 시 감점처리)

3. 쇼 재구성 기능을 이용하여 아래 조건에 맞게 슬라이드 쇼 재구성을 2개 작성하시오.
   – 첫 번째 재구성되는 슬라이드 쇼 이름은 '프로그램 실행1'로 지정하고, 재구성 목록에 슬라이드 1번과 슬라이드 4번을 지정
   – 두 번째 재구성되는 슬라이드 쇼 이름은 '프로그램 실행2'로 지정하고, 재구성 목록에 슬라이드 2번과 슬라이드 3번, 슬라이드 4번을 지정

# ■ 슬라이드 노트와 유인물 편집하기

배점 1번(15), 2번(15)

【보기 – 슬라이드 노트】

1. [보기] 메뉴의 [슬라이드 노트]를 이용하여 아래와 같은 조건으로 작성하시오.
   1) 슬라이드 1 노트
      – 입력 내용 : 독도에 관련된 자료입니다.
      – 글꼴은 궁서체, 글꼴 크기는 15pt로 지정
      – 슬라이드 노트 배경에서 그라데이션 채우기의 기본 설정 색은 '황금색'으로 지정

【보기 – 유인물 마스터】

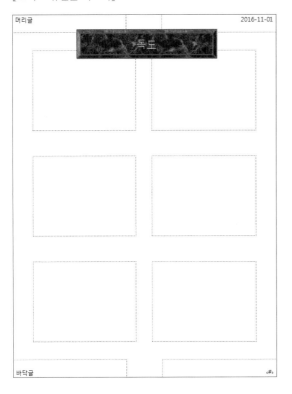

2. [보기] 메뉴의 [유인물 마스터]를 이용하여 아래와 같은 조건으로 작성하시오.
   1) 유인물의 제목을 그리기 도구모음으로 작성하시오.
      – '빗면' 도형을 유인물의 상단에 그리고, 도형의 질감은 밤색 대리석으로 지정하고, '독도'를 입력
      – '빗면' 도형 크기는 너비 10cm, 높이 2cm로 지정
      – 글꼴은 바탕체, 글꼴 크기는 20pt, 글꼴효과는 텍스트 그림자로 지정

PART 03

최신
기출문제

# 제1회 최신기출문제

※ 답안 작성 시 주의사항
- 답안문서 파일명은 응시자의 이름으로 저장하십시오.
- 파워포인트의 기능들을 이용하여 [처리사항]대로 답안문서를 작성하십시오 ([보기 슬라이드]를 참고하시오).
- 반드시 주어진 이미지 자료를 이용하여 답안문서를 작성하십시오 (주어진 이미지 자료 외 다른 자료 이용 시 감점 처리됩니다).
- 워드아트, 표 등을 처리사항에서 지시한 개수 이상 여러 개 작성한 경우 감점 처리됩니다.
- 문제에서 지시한 슬라이드의 순서가 바뀌는 경우 감점요인이 됩니다.
- 서로 다른 처리사항을 같은 위치에 작성한 경우 감점요인이 됩니다 (예) 슬라이드 2의 텍스트 부분에 제목과 텍스트 내용까지 입력한 경우 등).
- 워드아트 또는 텍스트 상자 등을 처리사항에서 지시한 개수 이상 여러 개 작성한 경우 감점요인이 됩니다.
- 문제에서 지시하지 않은 사항은 프로그램의 기본 설정 값으로 지정하십시오.
- 문제에서 별도의 지시사항이 없는 경우, 글자 입력은 텍스트 상자를 원칙으로 합니다.

※ 제공 이미지
- 주어진 이미지 자료를 이용하여 답안문서를 작성하시오.
  (첨부파일보기 클릭 시 이미지 자료 페이지 열림)

| 【보기】 | 【처리사항】 |
| --- | --- |

## ▨ 디자인 서식 지정과 마스터 편집하기

배점 1번(5), 2번(11), 3번(14)

1. 전체 슬라이드의 디자인 테마는 모든 슬라이드에 '균형'을 적용하시오.

2. 마스터 기능을 이용하여 슬라이드 **상단 오른쪽**에 '○○○'을 입력하시오.
   1) 균형 슬라이드 마스터에 작성
   2) 텍스트 상자를 이용하여 '○○○'에는 응시자 본인의 이름을 입력
   3) 글꼴은 돋움체, 글꼴 크기는 26pt로 지정

3. 슬라이드 번호를 삽입하시오.
   1) 머리글/바닥글 기능을 이용하여 슬라이드 삽입 시 자동으로 추가 되게 지정
   2) 제목 슬라이드를 제외한 모든 슬라이드의 **하단 왼쪽**에 작성
   3) 글꼴 크기는 20pt로 지정
   4) 슬라이드 시작 번호는 0으로 지정

## ※ 슬라이드 작성하기

### 【보기 - 슬라이드 1】

1. 슬라이드 1 : 배점 1)번(5), 2)번(15), 3)번(7)

   1) 슬라이드는 '제목 슬라이드'로 지정하시오.
   2) 워드아트를 이용하여 제목은 '시장경제와 복지정책'으로 [보기 슬라이드]와 같이 작성하시오.
      – WordArt는 '채우기-황갈색, 텍스트 2, 윤곽선-배경 2'로 지정
      – 글꼴은 굴림체, 글꼴 크기는 60pt로 지정
      – 워드아트의 크기는 너비 21cm, 높이 3cm로 지정
   3) [보기 슬라이드]와 같이 부제목에 '하이퍼링크'를 입력하고, e-Test 홈페이지를 하이퍼링크로 지정하시오.
     (e-Test 홈페이지 : http://www.e-test.co.kr)
      – 글꼴은 돋움체, 글꼴 크기는 37pt로 지정

### 【보기 - 슬라이드 2】

2. 슬라이드 2 : 배점 1)번(5), 2)번(3), 3)번(10), 4)번(1), 5)번(3), 6)번(30)

   1) 새 슬라이드를 '콘텐츠 2개' 슬라이드로 추가하시오.
   2) 제목은 '시장경제'로 입력하시오.
      – 글꼴은 궁서체, 글꼴 크기는 46pt로 지정
   3) [보기 슬라이드]와 같이 내용을 첫째 수준과 둘째 수준으로 입력하시오.

      정부의 역할
          시장은 국민의 재산권이 보장되어야 함
          세금 제도와 사회 보장 정책을 시행함
      정부의 개입
          정부개입과 시장역할 증대가 서로 균형을 이루어야 소
          비 주체의 자유로운 경제활동이 가능함
      정부의 재정 활동
          사회적 소외 계층을 위해 복지비 지출
          소득세의 누진세율을 높임

      – 글꼴은 바탕체, 글꼴 효과는 굵게, 글꼴 크기는 첫째 수준은 23pt, 둘째 수준은 18pt
   4) 입력한 내용의 줄 간격은 배수 0.95pt로 지정하시오.
   5) 글머리 기호 및 번호 매기기를 이용하여 입력한 내용의 첫째 수준 글머리 기호를 [보기 슬라이드]와 같이 작성하시오.
      – 글머리 기호의 모양은 ✉, 크기는 80%로 지정
   6) [삽입] 메뉴의 [그림]을 이용하여 주어진 '파워제공이미지'를 [보기 슬라이드]와 같이 문자열의 오른쪽에 삽입하시오.
      – 그림의 크기는 너비 10cm, 높이 7cm로 지정

**【보기 – 슬라이드 3】**

**3. 슬라이드 3 : 배점 1)번(5), 2)번(3), 3)번(30)**

1) 새 슬라이드를 '제목 및 내용' 슬라이드로 추가하시오.
2) 제목은 '복지 대상 분야'로 입력하시오.
   - 글꼴은 돋움체, 글꼴 크기는 45pt로 지정
3) 4행 6열의 표를 작성하고, 아래의 조건대로 작성하시오.
   (반드시 표 형식이 유지되어야 함)
   - 아래 지정된 셀을 각각 셀 병합 지정
   1행 1열 ~ 1행 2열 셀 병합
   1행 3열 ~ 1행 4열 셀 병합
   1행 5열 ~ 1행 6열 셀 병합
   - 표 전체에 [보기 슬라이드]와 같이 내용을 입력하고, 글꼴은 바탕체, 글꼴 크기는 20pt로 지정
   - 아래의 조건대로 셀 맞춤 지정
   표 전체 : [표 도구] – [레이아웃] 메뉴 [맞춤] 그룹의 세로 가운데 맞춤
   1행 : [표 도구] – [레이아웃] 메뉴 [맞춤] 그룹의 가운데 맞춤
   - 3행의 채우기는 질감의 '파피루스'로 지정
   - 표 전체의 안쪽 세로 테두리는 점선, 안쪽 가로 테두리와 바깥쪽 테두리는 실선으로 지정
   - 표 전체 바깥쪽 테두리는 4.5pt 실선으로 지정

**【보기 – 슬라이드 4】**

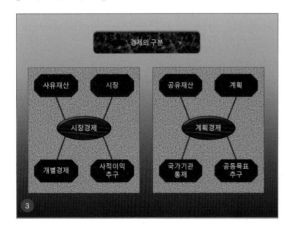

**4. 슬라이드 4 : 배점 1)번(5), 2)번(54), 3)번(10)**

1) 새 슬라이드를 '빈 화면' 슬라이드로 추가하시오.
2) 그리기 도구모음을 이용하여 아래 조건에 맞게 [보기 슬라이드]와 같이 작성하시오.
   - 모서리가 둥근 직사각형 도형을 1개 그리고, 면의 질감은 밤색 대리석으로 지정하고, 그림자는 '바깥쪽, 오프셋 위쪽'을 적용, '경제의 구분'을 입력
   - 직사각형 도형을 2개 그리고, 면의 질감은 모래로 지정
   - 선의 종류가 실선이고, 너비가 4pt인 선 8개 그리기
   - 타원 도형을 2개 그리고, 면의 질감은 월넛으로 지정하고, 3차원 서식으로 입체효과의 위쪽 '둥글게'를 적용, '시장경제', '계획경제'를 입력
   - 팔각형 도형을 8개 그리고, 면의 질감은 자주 편물로 지정하고, '사유재산', '시장', '개별경제', '사적이익 추구', '공유재산', '계획', '국가기관 통제', '공동목표 추구'를 각각 입력
   - 작성된 모든 도형은 [보기 슬라이드]와 같이 배열하고, 그룹으로 지정하고, 크기는 너비 23cm, 높이 15cm로 지정
3) 슬라이드의 배경에서 배경 그래픽 숨기기를 지정하고 그라데이션 채우기의 기본 설정 색은 '마호가니'로 지정하시오.

【보기 – 슬라이드 5】

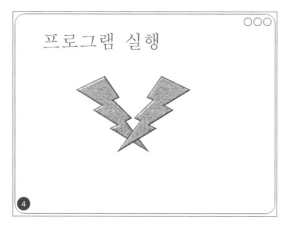

5. 슬라이드 5 : 배점 1)번(5), 2)번(3), 3)번(16), 4)번(3)

1) 새 슬라이드를 '제목만' 슬라이드로 추가하시오.
2) 제목은 '프로그램 실행'으로 입력하시오.
   - 글꼴은 바탕체, 글꼴 크기는 50pt로 지정
3) 도형을 작성하여 실행 설정을 지정하시오.
   - 그리기 도구 모음의 '번개' 도형을 그리고, 면의 질감은 돗자리로 지정하고, 너비 7cm, 높이 7cm로 작성
   - 작성된 '번개' 도형은 3차원 서식으로 입체 효과의 위쪽 '둥글게'와 깊이 72pt를 지정
   - 슬라이드 쇼 실행 시, 마우스를 '번개' 도형 위에 놓았을 때 메모장 프로그램(NOTEPAD.EXE)이 실행되도록 실행 설정을 지정
   - 실행 설정이 지정된 '번개' 도형을 복사하여 좌우 대칭 지정
   - 작성된 두 개의 '번개' 도형을 그룹으로 지정
4) 슬라이드 5를 숨기기로 지정하시오.

## ■ 슬라이드 쇼 관련 기능 지정하기

배점 1번(8), 2번(10), 3번(9)

1. 아래 조건에 맞는 화면 전환을 지정하시오.
   - 화면 전환 효과는 '덮기'
   - 효과 옵션은 '왼쪽에서'로 지정
   - 50초마다 자동으로만 전환되도록 지정
   - 모든 슬라이드에 지정

2. 아래 조건에 맞는 애니메이션을 지정하시오.
   1) 슬라이드 2번
      - 그림을 제외한 제목, 텍스트에 지정
      - 반드시 지정한 영역은 애니메이션을 이용하여 '나타내기'에 있는 '내밀기'로 지정
      - 효과 옵션은 '왼쪽에서'로 지정(단, 효과 중복 지정 시 감점처리)
      - 애니메이션 순서는 텍스트, 제목 순으로 지정
   2) 슬라이드 4번
      - 그룹으로 지정된 도형 전체에 지정
      - 반드시 지정한 영역은 애니메이션을 이용하여 '나타내기'에 있는 '휘돌아 나타내기'로 지정(단, 효과 중복 지정 시 감점처리)

3. 쇼 재구성 기능을 이용하여 아래 조건에 맞게 슬라이드 쇼 재구성을 2개 작성하시오.
   - 첫 번째 재구성되는 슬라이드 쇼 이름은 '프로그램 실행1'로 지정하고, 재구성 목록에 슬라이드 1번과 슬라이드 3번을 지정
   - 두 번째 재구성되는 슬라이드 쇼 이름은 '프로그램 실행2'로 지정하고, 재구성 목록에 슬라이드 1번과 슬라이드 4번, 슬라이드 5번을 지정

# ※ 슬라이드 노트와 유인물 편집하기

배점 1번(15), 2번(15)

【보기 – 슬라이드 노트】

1. [보기] 메뉴의 [슬라이드 노트]를 이용하여 아래와 같은 조건으로 작성하시오.
   1) 슬라이드 1 노트
      - 입력 내용 : 시장경제와 복지정책에 대한 자료입니다.
      - 글꼴은 글꼴은 돋움체, 글꼴 크기는 15pt로 지정
      - 슬라이드 노트 배경에서 그라데이션 채우기의 기본 설정 색은 '불'로 지정

【보기 – 유인물 마스터】

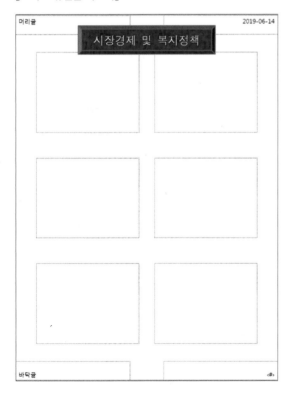

2. [보기] 메뉴의 [유인물 마스터]를 이용하여 아래와 같은 조건으로 작성하시오.
   1) 유인물의 제목을 그리기 도구모음으로 작성하시오.
      - '빗면' 도형을 유인물의 상단에 그리고, 도형의 질감은 자주 편물로 지정하고, '시장경제 및 복지정책'을 입력
      - '빗면' 도형 크기는 너비 10cm, 높이 2cm로 지정
      - 글꼴은 돋움체, 글꼴 크기는 22pt, 글꼴효과는 텍스트 그림자로 지정

# 제2회 최신기출문제

## ※ 답안 작성 시 주의사항

- 답안문서 파일명은 응시자의 이름으로 저장하십시오.
- 파워포인트의 기능들을 이용하여 **[처리사항]**대로 답안문서를 작성하십시오 (**[보기 슬라이드]**를 참고하시오).
- 반드시 주어진 이미지 자료를 이용하여 답안문서를 작성하십시오 (주어진 이미지 자료 외 다른 자료 이용 시 감점 처리됩니다).
- 워드아트, 표 등을 처리사항에서 지시한 개수 이상 여러 개 작성한 경우 감점 처리됩니다.
- 문제에서 지시한 슬라이드의 순서가 바뀌는 경우 감점요인이 됩니다.
- 서로 다른 처리사항을 같은 위치에 작성한 경우 감점요인이 됩니다 (예) 슬라이드 2의 텍스트 부분에 제목과 텍스트 내용까지 입력한 경우 등).
- 워드아트 또는 텍스트 상자 등을 처리사항에서 지시한 개수 이상 여러 개 작성한 경우 감점요인이 됩니다.
- 문제에서 지시하지 않은 사항은 프로그램의 기본 설정 값으로 지정하십시오.
- 문제에서 별도의 지시사항이 없는 경우, 글자 입력은 텍스트 상자를 원칙으로 합니다.

## ※ 제공 이미지

- 주어진 이미지 자료를 이용하여 답안문서를 작성하시오.
  (첨부파일보기 클릭 시 이미지 자료 페이지 열림)

---

| 【보기】 | 【처리사항】 |
|---|---|

## ※ 디자인 서식 지정과 마스터 편집하기

배점 1번(5), 2번(11), 3번(14)

1. 전체 슬라이드의 디자인 테마는 모든 슬라이드에 '열정'을 적용하시오.

2. 마스터 기능을 이용하여 슬라이드 **상단 오른쪽**에 '○○○'을 입력하시오.
   1) 열정 슬라이드 마스터에 작성
   2) 텍스트 상자를 이용하여 '○○○'에는 응시자 본인의 이름을 입력
   3) 글꼴은 굴림체, 글꼴 크기는 27pt로 지정

3. 슬라이드 번호를 삽입하시오.
   1) 머리글/바닥글 기능을 이용하여 슬라이드 삽입 시 자동으로 추가 되게 지정
   2) 제목 슬라이드를 제외한 모든 슬라이드의 **하단 오른쪽**에 작성
   3) 글꼴 크기는 25pt로 지정
   4) 슬라이드 시작 번호는 2로 지정

## ※ 슬라이드 작성하기

**【보기 – 슬라이드 1】**

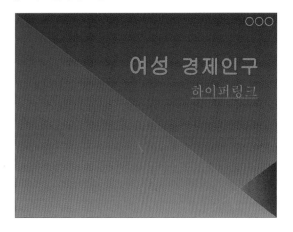

1. 슬라이드 1 : 배점 1)번(5), 2)번(15), 3)번(7)

1) 슬라이드는 '제목 슬라이드' 슬라이드로 지정하시오.
2) 워드아트를 이용하여 제목은 '여성 경제인구'로 [보기 슬라이드]
   와 같이 작성하시오.
   – WordArt는 '채우기-회색-50%, 텍스트2, 윤곽선-배경2'로
     지정
   – 글꼴은 굴림체, 글꼴 크기는 60pt로 지정
   – 워드아트의 크기는 너비 15cm, 높이 3cm로 지정
3) [보기 슬라이드]와 같이 부제목에 '하이퍼링크'를 입력하고,
   e-Test 홈페이지를 하이퍼링크로 지정하시오.
   (e-Test 홈페이지 : http://www.e-test.co.kr)
   – 글꼴은 바탕체, 글꼴 크기는 37pt로 지정

**【보기 – 슬라이드 2】**

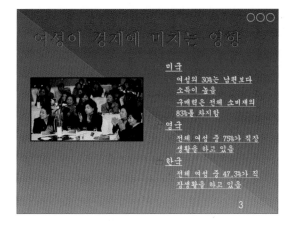

2. 슬라이드 2 : 배점 1)번(5), 2)번(3), 3)번(10), 4)번(1), 5)번(3), 6)번(30)

1) 새 슬라이드를 '콘텐츠 2개' 슬라이드로 추가하시오.
2) 제목은 '여성이 경제에 미치는 영향'으로 입력하시오.
   – 글꼴은 바탕체, 글꼴 크기는 46pt로 지정
3) [보기 슬라이드]와 같이 내용을 첫째 수준과 둘째 수준으로 입
   력하시오.

> 미국
>     여성의 30%는 남편보다 소득이 높음
>     구매력은 전체 소비재의 83%를 차지함
> 영국
>     전체 여성 중 75%가 직장생활을 하고 있음
> 한국
>     전체 여성 중 47.3%가 직장생활을 하고 있음

   – 글꼴은 궁서체, 글꼴 효과는 밑줄, 글꼴 크기는 **첫째 수준**은
     23pt, **둘째 수준**은 20pt
4) 입력한 내용의 줄 간격은 고정 28pt로 지정하시오.
5) 글머리 기호 및 번호 매기기를 이용하여 입력한 내용의 첫째 수
   준 글머리 기호를 [보기 슬라이드]와 같이 작성하시오.
   – 글머리 기호의 모양은 🗁, 크기는 90%로 지정
6) [삽입] 메뉴의 [그림]을 이용하여 주어진 '파워제공이미지'를 [보
   기 슬라이드]와 같이 문자열의 **왼쪽**에 삽입하시오.
   – 그림의 크기는 너비 11cm, 높이 6cm로 지정

【보기 – 슬라이드 3】

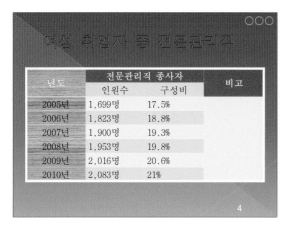

3. 슬라이드 3 : 배점 1)번(5), 2)번(3), 3)번(30)

1) 새 슬라이드를 '제목 및 내용' 슬라이드로 추가하시오.
2) 제목은 '여성 취업자 중 전문 관리직'으로 입력하시오.
  – 글꼴은 돋움체, 글꼴 크기는 42pt로 지정
3) 8행 4열의 표를 작성하고, 아래의 조건대로 작성하시오.
  (반드시 표 형식이 유지되어야 함)
  – 아래 지정된 셀을 각각 셀 병합 지정
  1행 1열 ~ 2행 1열 셀 병합
  1행 2열 ~ 1행 3열 셀 병합
  1행 4열 ~ 2행 4열 셀 병합
  3행 4열 ~ 8행 4열 셀 병합
  – 표 전체에 [보기 슬라이드]와 같이 내용을 입력하고, 글꼴은 바탕체, 글꼴 크기는 25pt로 지정
  – 아래의 조건대로 셀 맞춤 지정
  표 전체 : [표 도구] – [레이아웃] 메뉴 [맞춤] 그룹의 세로 가운데 맞춤
  1행 : [표 도구] – [레이아웃] 메뉴 [맞춤] 그룹의 가운데 맞춤
  2행 : [표 도구] – [레이아웃] 메뉴 [맞춤] 그룹의 가운데 맞춤
  1열 : [표 도구] – [레이아웃] 메뉴 [맞춤] 그룹의 가운데 맞춤
  – 1열의 채우기는 질감의 '오크'로 지정
  – 표 전체의 안쪽 세로 테두리는 점선, 안쪽 가로 테두리와 바깥쪽 테두리는 실선으로 지정
  – 표 전체 바깥쪽 테두리는 6pt 실선으로 지정

【보기 – 슬라이드 4】

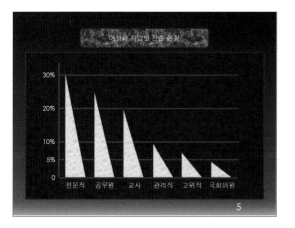

4. 슬라이드 4 : 배점 1)번(5), 2)번(54), 3)번(10)

1) 새 슬라이드를 '빈 화면' 슬라이드로 추가하시오.
2) 그리기 도구모음을 이용하여 아래 조건에 맞게 [보기 슬라이드]와 같이 작성하시오.
  – 모서리가 둥근 직사각형 도형을 1개 그리고, 면의 질감은 녹색 대리석으로 지정하고, 그림자는 '바깥쪽, 오프셋 아래쪽'을 적용, '여성의 직업별 진출 현황'을 입력
  – 직사각형 도형을 1개 그리고, 면의 질감은 자주 편물로 지정
  – 선의 종류가 실선이고, 너비가 4pt인 선 6개 그리기
  – 직각 삼각형 도형을 6개 그리고, 면의 질감은 작은 물방울로 지정하고, 3차원 서식으로 입체 효과의 위쪽 '둥글게'를 적용
  – 가로 텍스트 상자를 11개 그리고, '전문직', '공무원', '교사', '관리직', '고위직', '국회의원', '0', '5%', '10%', '20%', '30%'를 각각 입력
  – 작성된 모든 도형은 [보기 슬라이드]와 같이 배열하고, 그룹으로 지정하고, 크기는 너비 23cm, 높이 16cm로 지정
3) 슬라이드의 배경에서 배경 그래픽 숨기기를 지정하고 그라데이션 채우기의 기본 설정 색은 '이른 해질녘'으로 지정하시오.

## 【보기 - 슬라이드 5】

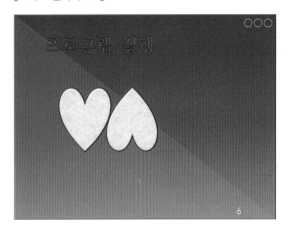

5. 슬라이드 5 : 배점 1)번(5), 2)번(3), 3)번(16), 4)번(3)

1) 새 슬라이드를 '제목만' 슬라이드로 추가하시오.
2) 제목은 '프로그램 실행'으로 입력하시오.
   - 글꼴은 바탕체, 글꼴 크기는 47pt로 지정
3) 도형을 작성하여 실행 설정을 지정하시오.
   - 그리기 도구 모음의 '하트' 도형을 그리고, 면의 질감은 꽃다발로 지정하고, 너비 5cm, 높이 6cm로 작성
   - 작성된 '하트' 도형은 3차원 서식으로 입체 효과의 위쪽 '둥글게'와 깊이 144pt를 지정
   - 슬라이드 쇼 실행 시, 마우스를 '하트' 도형 위에 놓았을 때 메모장 프로그램(NOTEPAD.EXE)이 실행되도록 실행 설정을 지정
   - 실행 설정이 지정된 '하트' 도형을 복사하여 좌우 대칭 지정
   - 작성된 두 개의 '하트' 도형을 그룹으로 지정
4) 슬라이드 5를 숨기기로 지정하시오.

## ※ 슬라이드 쇼 관련 기능 지정하기

배점 1번(8), 2번(10), 3번(9)

1. 아래 조건에 맞는 화면 전환을 지정하시오.
   - 화면 전환 효과는 '덮기'
   - 효과 옵션은 '위에서'로 지정
   - 40초마다 자동으로만 전환되도록 지정
   - 모든 슬라이드에 지정

2. 아래 조건에 맞는 애니메이션을 지정하시오.
   1) 슬라이드 2번
      - 그림을 제외한 제목, 텍스트에 지정
      - 반드시 지정한 영역은 애니메이션을 이용하여 '나타내기'에 있는 '닦아내기'로 지정
      - 효과 옵션은 '왼쪽에서'로 지정(단, 효과 중복 지정 시 감점처리)
      - 애니메이션 순서는 제목, 텍스트 순으로 지정
   2) 슬라이드 4번
      - 그룹으로 지정된 도형 전체에 지정
      - 반드시 지정한 영역은 애니메이션을 이용하여 '나타내기'에 있는 '흩어 뿌리기'로 지정(단, 효과 중복 지정 시 감점처리)

3. 쇼 재구성 기능을 이용하여 아래 조건에 맞게 슬라이드 쇼 재구성을 2개 작성하시오.
   - 첫 번째 재구성되는 슬라이드 쇼 이름은 '프로그램 실행 1'로 지정하고, 재구성 목록에 슬라이드 1번과 슬라이드 2번을 지정
   - 두 번째 재구성되는 슬라이드 쇼 이름은 '프로그램 실행 2'로 지정하고, 재구성 목록에 슬라이드 1번과 슬라이드 3번, 슬라이드 4번을 지정

## ※ 슬라이드 노트와 유인물 편집하기

배점 1번(15), 2번(15)

【보기 – 슬라이드 노트】

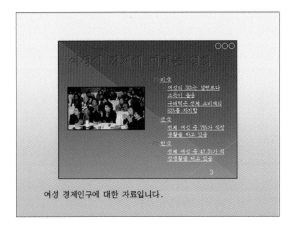

1. [보기] 메뉴의 [슬라이드 노트]를 이용하여 아래와 같은 조건으로 작성하시오.
   1) 슬라이드 2 노트
      - 입력 내용 : 여성 경제인구에 대한 자료입니다.
      - 글꼴은 바탕체, 글꼴 크기는 15pt로 지정
      - 슬라이드 노트 배경에서 그라데이션 채우기의 기본 설정 색은 '밀'로 지정

【보기 – 유인물 마스터】

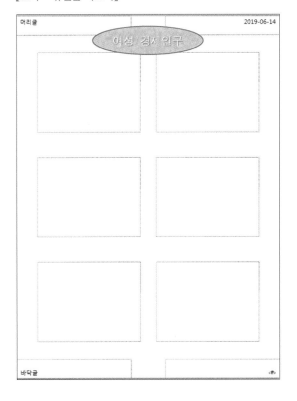

2. [보기] 메뉴의 [유인물 마스터]를 이용하여 아래와 같은 조건으로 작성하시오.
   1) 유인물의 제목을 그리기 도구모음으로 작성하시오.
      - '타원' 도형을 유인물의 상단에 그리고, 도형의 질감은 분홍 박엽지로 지정하고, '여성 경제인구'를 입력
      - '타원' 도형 크기는 너비 8cm, 높이 2cm로 지정
      - 글꼴은 돋움체, 글꼴 크기는 22pt, 글꼴효과는 텍스트 그림자로 지정

# 제3회 최신기출문제

## ※ 답안 작성 시 주의사항

- 답안문서 파일명은 응시자의 이름으로 저장하십시오.
- 파워포인트의 기능들을 이용하여 [처리사항]대로 답안문서를 작성하십시오 ([보기 슬라이드]를 참고하시오).
- 반드시 주어진 이미지 자료를 이용하여 답안문서를 작성하십시오 (주어진 이미지 자료 외 다른 자료 이용 시 감점 처리됩니다).
- 워드아트, 표 등을 처리사항에서 지시한 개수 이상 여러 개 작성한 경우 감점 처리됩니다.
- 문제에서 지시한 슬라이드의 순서가 바뀌는 경우 감점요인이 됩니다.
- 서로 다른 처리사항을 같은 위치에 작성한 경우 감점요인이 됩니다 (예) 슬라이드 2의 텍스트 부분에 제목과 텍스트 내용까지 입력한 경우 등).
- 워드아트 또는 텍스트 상자 등을 처리사항에서 지시한 개수 이상 여러 개 작성한 경우 감점요인이 됩니다.
- 문제에서 지시하지 않은 사항은 프로그램의 기본 설정 값으로 지정하십시오.
- 문제에서 별도의 지시사항이 없는 경우, 글자 입력은 텍스트 상자를 원칙으로 합니다.

## ※ 제공 이미지

- 주어진 이미지 자료를 이용하여 답안문서를 작성하시오.
  (첨부파일보기 클릭 시 이미지 자료 페이지 열림)

| 【보기】 | 【처리사항】 |
|---|---|

## ※ 디자인 서식 지정과 마스터 편집하기

배점 1번(5), 2번(11), 3번(14)

1. 전체 슬라이드의 디자인 테마는 모든 슬라이드에 '균형'을 적용하시오.

2. 마스터 기능을 이용하여 슬라이드 **상단 오른쪽**에 '○○○'을 입력하시오.
   1) 균형 슬라이드 마스터에 작성
   2) 텍스트 상자를 이용하여 '○○○'에는 응시자 본인의 이름을 입력
   3) 글꼴은 돋움체, 글꼴 크기는 26pt로 지정

3. 슬라이드 번호를 삽입하시오.
   1) 머리글/바닥글 기능을 이용하여 슬라이드 삽입 시 자동으로 추가 되게 지정
   2) 모든 슬라이드의 **하단 왼쪽**에 작성
   3) 글꼴 크기는 20pt로 지정
   4) 슬라이드 시작 번호는 0으로 지정

## ※ 슬라이드 작성하기

**【보기 – 슬라이드 1】**

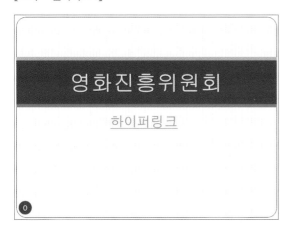

**1. 슬라이드 1 : 배점 1)번(5), 2)번(15), 3)번(7)**

　1) 슬라이드는 '제목 슬라이드' 슬라이드로 지정하시오.

　2) 워드아트를 이용하여 제목은 '영화진흥위원회'로 [보기 슬라이드]와 같이 작성하시오.
　　－ WordArt는 '채우기-황갈색, 텍스트2, 윤곽선-배경2'로 지정
　　－ 글꼴은 굴림체, 글꼴 크기는 60pt로 지정
　　－ 워드아트의 크기는 너비 15.5cm, 높이 3cm로 지정

　3) [보기 슬라이드]와 같이 부제목에 '하이퍼링크'를 입력하고, e-Test 홈페이지를 하이퍼링크로 지정하시오.
　　(e-Test 홈페이지 : http://www.e-test.co.kr)
　　－ 글꼴은 돋움체, 글꼴 크기는 37pt로 지정

**【보기 – 슬라이드 2】**

**2. 슬라이드 2 : 배점 1)번(5), 2)번(3), 3)번(10), 4)번(1), 5)번(3), 6)번(30)**

　1) 새 슬라이드를 '콘텐츠 2개' 슬라이드로 추가하시오.

　2) 제목은 '경영이념'으로 입력하시오.
　　－ 글꼴은 궁서체, 글꼴 크기는 46pt로 지정

　3) [보기 슬라이드]와 같이 내용을 첫째 수준과 둘째 수준으로 입력하시오.

> 설립근거
> 　영화 및 비디오물의 진흥에 관한 법률
> 설립목적
> 　영화의 질적 향상을 도모하고 한국영화 및 영화산업의
> 　진흥
> 임무
> 　영상제작 관련시설의 관리와 운영
> 　영화의 유통배급 지원

　　－ 글꼴은 바탕체, 글꼴 효과는 밑줄, 글꼴 크기는 첫째 수준은 24pt, 둘째 수준은 22pt

　4) 입력한 내용의 줄 간격은 고정 29pt로 지정하시오.

　5) 글머리 기호 및 번호 매기기를 이용하여 입력한 내용의 첫째 수준 글머리 기호를 [보기 슬라이드]와 같이 작성하시오.
　　－ 글머리 기호의 모양은 ✉, 크기는 90%로 지정

　6) [삽입] 메뉴의 [그림]을 이용하여 주어진 '파워제공이미지'를 [보기 슬라이드]와 같이 문자열의 **오른쪽**에 삽입하시오.
　　－ 그림의 크기는 너비 10cm, 높이 6cm로 지정

【보기 – 슬라이드 3】

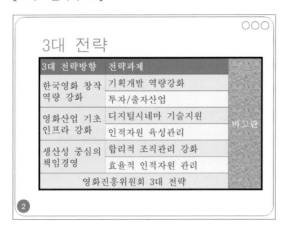

3. 슬라이드 3 : 배점 1)번(5), 2)번(3), 3)번(30)

　1) 새 슬라이드를 '제목 및 내용' 슬라이드로 추가하시오.
　2) 제목은 '3대 전략'으로 입력하시오.
　　　– 글꼴은 돋움체, 글꼴 크기는 45pt로 지정
　3) 8행 3열의 표를 작성하고, 아래의 조건대로 작성하시오.
　　　(반드시 표 형식이 유지되어야 함)
　　　– 아래 지정된 셀을 각각 셀 병합 지정
　　　1행 3열 ~ 8행 3열 셀 병합
　　　2행 1열 ~ 3행 1열 셀 병합
　　　4행 1열 ~ 5행 1열 셀 병합
　　　6행 1열 ~ 7행 1열 셀 병합
　　　8행 1열 ~ 8행 2열 셀 병합
　　　– 표 전체에 [보기 슬라이드]와 같이 내용을 입력하고, 글꼴은 바탕체, 글꼴 크기는 25pt로 지정
　　　– 아래의 조건대로 셀 맞춤 지정
　　　표 전체 : [표 도구]–[레이아웃] 메뉴 [맞춤] 그룹의 세로 가운데 맞춤
　　　8행 : [표 도구]–[레이아웃] 메뉴 [맞춤] 그룹의 가운데 맞춤
　　　3열 : [표 도구]–[레이아웃] 메뉴 [맞춤] 그룹의 가운데 맞춤
　　　– 3열의 채우기는 질감의 '코르크'로 지정
　　　– 표 전체의 안쪽 세로 테두리는 점선, 안쪽 가로 테두리와 바깥쪽 테두리는 실선으로 지정
　　　– 표 전체 바깥쪽 테두리는 4.5pt 실선으로 지정

【보기 – 슬라이드 4】

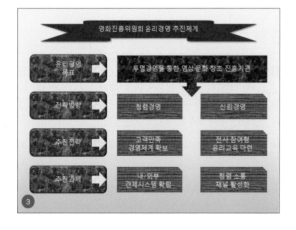

4. 슬라이드 4 : 배점 1)번(5), 2)번(54), 3)번(10)

　1) 새 슬라이드를 '빈 화면' 슬라이드로 추가하시오.
　2) 그리기 도구모음을 이용하여 아래 조건에 맞게 [보기 슬라이드]와 같이 작성하시오.
　　　– 위쪽 리본도형을 1개 그리고, 면의 질감은 자주 편물로 지정하고, 그림자는 '바깥쪽, 오프셋 대각선 오른쪽 아래'를 적용, '영화진흥위원회 윤리경영 추진체계'를 입력
　　　– 모서리가 둥근 직사각형 도형을 4개 그리고, 면의 질감은 녹색 대리석으로 지정하고, 3차원 서식으로 입체효과의 위쪽 '둥글게'를 적용, '윤리경영 목표', '전략방향', '추진전략', '추진과제'를 입력
　　　– 오른쪽 화살표 도형을 4개 그리고, 면의 질감은 꽃다발로 지정
　　　– 아래쪽 화살표 설명선 도형을 1개 그리고, 면의 질감은 밤색 대리석으로 지정하고, '투명경영을 통한 영상 문화 창조 진흥기관'을 입력
　　　– 한쪽 모서리가 잘린 사각형을 6개 그리고, 면의 질감은 일반 목재로 지정하고, '청렴경영', '신뢰경영', '고객만족 경영체계 확보', '전사 참여형 윤리교육 마련', '내/외부 견제시스템 확립', '청렴 소통 채널 활성화'를 입력
　　　– 작성된 모든 도형은 [보기 슬라이드]와 같이 배열하고, 그룹으로 지정하고, 크기는 너비 23cm, 높이 16cm로 지정
　3) 슬라이드의 배경에서 배경 그래픽 숨기기를 지정하고, 그라데이션 채우기의 기본 설정 색은 '양피지'로 지정하시오.

【보기 – 슬라이드 5】

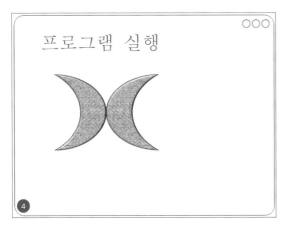

프로그램 실행

**5. 슬라이드 5 : 배점 1)번(5), 2)번(3), 3)번(16), 4)번(3)**

1) 새 슬라이드를 '제목만' 슬라이드로 추가하시오.
2) 제목은 '프로그램 실행'으로 입력하시오.
   - 글꼴은 바탕체, 글꼴 크기는 50pt로 지정
3) 도형을 작성하여 실행 설정을 지정하시오.
   - 그리기 도구 모음의 '달' 도형을 그리고, 면의 질감은 돗자리로 지정하고, 너비 5cm, 높이 7cm로 작성
   - 작성된 '달' 도형은 3차원 서식으로 입체 효과의 위쪽 '둥글게'와 깊이 72pt를 지정
   - 슬라이드 쇼 실행 시, 마우스를 '달' 도형 위에 놓았을 때 메모장 프로그램(NOTEPAD.EXE)이 실행되도록 실행 설정을 지정
   - 실행 설정이 지정된 '달' 도형을 복사하여 좌우 대칭 지정
   - 작성된 두 개의 '달' 도형을 그룹으로 지정
4) 슬라이드 5를 숨기기로 지정하시오.

## ■ 슬라이드 쇼 관련 기능 지정하기

배점 1번(8), 2번(10), 3번(9)

1. 아래 조건에 맞는 화면 전환을 지정하시오.
   - 화면 전환 효과는 '덮기'
   - 효과 옵션은 '위에서'로 지정
   - 45초마다 자동으로만 전환되도록 지정
   - 모든 슬라이드에 지정

2. 아래 조건에 맞는 애니메이션을 지정하시오.
   1) 슬라이드 2번
      - 그림을 제외한 제목, 텍스트에 지정
      - 반드시 지정한 영역은 애니메이션을 이용하여 '나타내기'에 있는 '내밀기'로 지정
      - 효과 옵션은 '왼쪽에서'로 지정(단, 효과 중복 지정 시 감점 처리)
      - 애니메이션 순서는 텍스트, 제목 순으로 지정
   2) 슬라이드 4번
      - 그룹으로 지정된 도형 전체에 지정
      - 반드시 지정한 영역은 애니메이션을 이용하여 '나타내기'에 있는 '확대/축소'로 지정(단, 효과 중복 지정 시 감점처리)

3. 쇼 재구성 기능을 이용하여 아래 조건에 맞게 슬라이드 쇼 재구성을 2개 작성하시오.
   - 첫 번째 재구성되는 슬라이드 쇼 이름은 '프로그램 실행1'로 지정하고, 재구성 목록에 슬라이드 1번과 슬라이드 3번을 지정
   - 두 번째 재구성되는 슬라이드 쇼 이름은 '프로그램 실행2'로 지정하고, 재구성 목록에 슬라이드 1번과 슬라이드 4번, 슬라이드 5번을 지정

# ※ 슬라이드 노트와 유인물 편집하기

배점 1번(15), 2번(15)

【보기 – 슬라이드 노트】

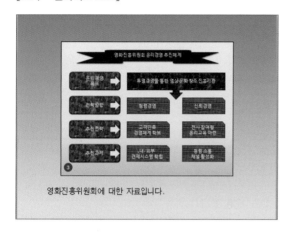

1. [보기] 메뉴의 [슬라이드 노트]를 이용하여 아래와 같은 조건으로 작성하시오.
   1) 슬라이드 4 노트
      - 입력 내용 : 영화진흥위원회에 대한 자료입니다.
      - 글꼴은 돋움체, 글꼴 크기는 15pt로 지정
      - 슬라이드 노트 배경에서 기본 설정 색은 '안개'로 지정

【보기 – 유인물 마스터】

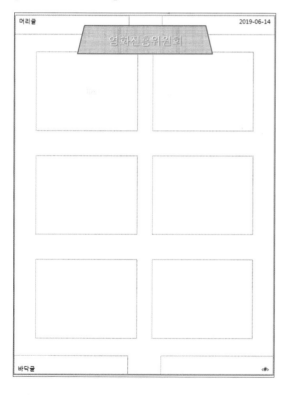

2. [보기] 메뉴의 [유인물 마스터]를 이용하여 아래와 같은 조건으로 작성하시오.
   1) 유인물의 제목을 그리기 도구모음으로 작성하시오.
      - '사다리꼴' 도형을 유인물의 상단에 그리고, 도형의 질감은 파피루스로 지정하고, '영화진흥위원회'를 입력
      - '사다리꼴' 도형 크기는 너비 10cm, 높이 2cm로 지정
      - 글꼴은 돋움체, 글꼴 크기는 22pt, 글꼴효과는 텍스트 그림자로 지정

# 제4회 최신기출문제

## ※ 답안 작성 시 주의사항

- 답안문서 파일명은 응시자의 이름으로 저장하십시오.
- 파워포인트의 기능들을 이용하여 **[처리사항]**대로 답안문서를 작성하십시오 (**[보기 슬라이드]**를 참고하시오).
- 반드시 주어진 이미지 자료를 이용하여 답안문서를 작성하십시오 (주어진 이미지 자료 외 다른 자료 이용 시 감점 처리됩니다).
- 워드아트, 표 등을 처리사항에서 지시한 개수 이상 여러 개 작성한 경우 감점 처리됩니다.
- 문제에서 지시한 슬라이드의 순서가 바뀌는 경우 감점요인이 됩니다.
- 서로 다른 처리사항을 같은 위치에 작성한 경우 감점요인이 됩니다 (예) 슬라이드 2의 텍스트 부분에 제목과 텍스트 내용까지 입력한 경우 등).
- 워드아트 또는 텍스트 상자 등을 처리사항에서 지시한 개수 이상 여러 개 작성한 경우 감점요인이 됩니다.
- 문제에서 지시하지 않은 사항은 프로그램의 기본 설정 값으로 지정하십시오.
- 문제에서 별도의 지시사항이 없는 경우, 글자 입력은 텍스트 상자를 원칙으로 합니다.

## ※ 제공 이미지

- 주어진 이미지 자료를 이용하여 답안문서를 작성하시오.
  (첨부파일보기 클릭 시 이미지 자료 페이지 열림)

| 【보기】 | 【처리사항】 |
|---|---|

## ※ 디자인 서식 지정과 마스터 편집하기

배점 1번(5), 2번(11), 3번(14)

1. 전체 슬라이드의 디자인 테마는 모든 슬라이드에 '광장'을 적용하시오.

2. 마스터 기능을 이용하여 슬라이드 **상단 오른쪽**에 '○○○'을 입력하시오.
   1) 광장 슬라이드 마스터에 작성
   2) 텍스트 상자를 이용하여 '○○○'에는 응시자 본인의 이름을 입력
   3) 글꼴은 굴림체, 글꼴 크기는 25pt로 지정

3. 슬라이드 번호를 삽입하시오.
   1) 머리글/바닥글 기능을 이용하여 슬라이드 삽입 시 자동으로 추가 되게 지정
   2) 제목 슬라이드를 제외한 모든 슬라이드의 **하단 오른쪽**에 작성
   3) 글꼴 크기는 28pt로 지정
   4) 슬라이드 시작 번호는 5로 지정

# ※ 슬라이드 작성하기

【보기 – 슬라이드 1】

1. 슬라이드 1 : 배점 1)번(5), 2)번(15), 3)번(7)

1) 슬라이드는 '제목 슬라이드' 슬라이드로 지정하시오.
2) 워드아트를 이용하여 제목은 '지구온난화의 주범'으로 [보기 슬라이드]와 같이 작성하시오.
   - WordArt는 '채우기-연한 옥색, 텍스트 2, 윤곽선-배경 2'로 지정
   - 글꼴은 굴림체, 글꼴 크기는 62pt로 지정
   - 워드아트의 크기는 너비 20cm, 높이 3cm로 지정
3) [보기 슬라이드]와 같이 부제목에 '하이퍼링크'를 입력하고, e-Test 홈페이지를 하이퍼링크로 지정하시오.
   (e-Test 홈페이지 : http://www.e-test.co.kr)
   - 글꼴은 바탕체, 글꼴 크기는 35pt로 지정

【보기 – 슬라이드 2】

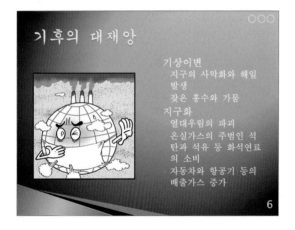

2. 슬라이드 2 : 배점 1)번(5), 2)번(3), 3)번(10), 4)번(1), 5)번(3), 6)번(30)

1) 새 슬라이드를 '콘텐츠 2개' 슬라이드로 추가하시오.
2) 제목은 '기후의 대재앙'으로 입력하시오.
   - 글꼴은 궁서체, 글꼴 크기는 44pt로 지정
3) [보기 슬라이드]와 같이 내용을 첫째 수준과 둘째 수준으로 입력하시오.

> 기상이변
>     지구의 사막화와 해일발생
>     잦은 홍수와 가뭄
> 지구화
>     열대우림의 파괴
>     온실가스의 주범인 석탄과 석유 등 화석연료의 소비
>     자동차와 항공기 등의 배출가스 증가

   - 글꼴은 바탕체, 글꼴 효과는 굵게, 글꼴 크기는 첫째 수준은 27pt, 둘째 수준은 24pt
4) 입력한 내용의 줄 간격은 고정 30pt로 지정하시오.
5) 글머리 기호 및 번호 매기기를 이용하여 입력한 내용의 첫째 수준 글머리 기호를 [보기 슬라이드]와 같이 작성하시오.
   - 글머리 기호의 모양은 ☺, 크기는 90%로 지정
6) [삽입] 메뉴의 [그림]을 이용하여 주어진 '파워제공이미지'를 [보기 슬라이드]와 같이 문자열의 왼쪽에 삽입하시오.
   - 그림의 크기는 너비 10cm, 높이 10cm로 지정

【보기 – 슬라이드 3】

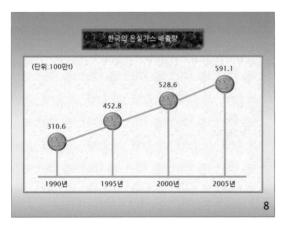

## 3. 슬라이드 3 : 배점 1)번(5), 2)번(3), 3)번(30)

1) 새 슬라이드를 '제목 및 내용' 슬라이드로 추가하시오.
2) 제목은 '온실가스 배출 변화'로 입력하시오.
   - 글꼴은 돋움체, 글꼴 크기는 43pt로 지정
3) 6행 4열의 표를 작성하고, 아래의 조건대로 작성하시오.
   (반드시 표 형식이 유지되어야 함)
   - 아래 지정된 셀을 각각 셀 병합 지정
   1행 1열 ~ 1행 2열 셀 병합
   1행 3열 ~ 1행 4열 셀 병합
   6행 1열 ~ 6행 4열 셀 병합
   - 표 전체에 [보기 슬라이드]와 같이 내용을 입력하고, 글꼴은 바탕체, 글꼴 크기는 25pt로 지정
   - 아래의 조건대로 셀 맞춤 지정
   표 전체 : [표 도구] – [레이아웃] 메뉴 [맞춤] 그룹의 세로 가운데 맞춤
   1행 : [표 도구] – [레이아웃] 메뉴 [맞춤] 그룹의 가운데 맞춤
   6행 : [표 도구] – [레이아웃] 메뉴 [맞춤] 그룹의 가운데 맞춤
   - 1행의 채우기는 질감의 '월넛'으로 지정
   - 표 전체의 안쪽 세로 테두리는 파선, 안쪽 가로 테두리와 바깥쪽 테두리는 실선으로 지정
   - 표 전체 바깥쪽 테두리는 3pt 실선으로 지정

【보기 – 슬라이드 4】

## 4. 슬라이드 4 : 배점 1)번(5), 2)번(54), 3)번(10)

1) 새 슬라이드를 '빈 화면' 슬라이드로 추가하시오.
2) 그리기 도구모음을 이용하여 아래 조건에 맞게 [보기 슬라이드]와 같이 작성하시오.
   - 모서리가 접힌 도형을 1개 그리고, 면의 질감은 밤색 대리석으로 지정하고, 그림자는 '바깥쪽, 오프셋 위쪽'을 적용, '한국의 온실가스 배출량'을 입력
   - 직사각형 도형을 1개 그리고, 면의 질감은 파랑 박엽지로 지정
   - 타원 도형을 4개 그리고, 면의 질감은 코르크로 지정하고, 3차원 서식으로 입체 효과의 위쪽 '둥글게'를 적용
   - 선의 종류가 실선이고, 너비가 4.5pt인 선 8개 그리기
   - 가로 텍스트 상자를 9개 그리고, '1990년', '1995년', '2000년', '2005년', '310.6', '452.8', '528.6', '591.1', '(단위:100만t)'를 각각 입력
   - 작성된 모든 도형은 [보기 슬라이드]와 같이 배열하고, 그룹으로 지정하고, 크기는 너비 23cm, 높이 15cm로 지정
3) 슬라이드의 배경에서 배경 그래픽 숨기기를 지정하고 그라데이션 채우기의 기본 설정 색은 '안개'로 지정하시오.

【보기 – 슬라이드 5】

5. 슬라이드 5 : 배점 1)번(5), 2)번(3), 3)번(16), 4)번(3)

1) 새 슬라이드를 '제목만' 슬라이드로 추가하시오.
2) 제목은 '프로그램 실행'으로 입력하시오.
   – 글꼴은 바탕체, 글꼴 크기는 50pt로 지정
3) 도형을 작성하여 실행 설정을 지정하시오.
   – 그리기 도구 모음의 '구름' 도형을 그리고, 면의 질감은 캔버
     스로 지정하고, 너비 9cm, 높이 3cm로 작성
   – 작성된 '구름' 도형은 3차원 서식으로 입체 효과의 위쪽 '둥글
     게'와 깊이 144pt를 지정
   – 슬라이드 쇼 실행 시, 마우스를 '구름' 도형 위에 놓았을 때 메
     모장 프로그램(NOTEPAD.EXE)이 실행되도록 실행 설정을
     지정
   – 실행 설정이 지정된 '구름' 도형을 복사하여 상하 대칭 지정
   – 작성된 두 개의 '구름' 도형을 그룹으로 지정
4) 슬라이드 5를 숨기기로 지정하시오.

## ※ 슬라이드 쇼 관련 기능 지정하기

배점 1번(8), 2번(10), 3번(9)

1. 아래 조건에 맞는 화면 전환을 지정하시오.
   – 화면 전환 효과는 '나누기'
   – 효과 옵션은 '세로 안쪽으로'로 지정
   – 50초마다 자동으로만 전환되도록 지정
   – 모든 슬라이드에 지정

2. 아래 조건에 맞는 애니메이션을 지정하시오.
   1) 슬라이드 2번
      – 그림을 제외한 제목, 텍스트에 지정
      – 반드시 지정한 영역은 애니메이션을 이용하여 '나타내기'에 있
        는 '날아오기'로 지정
      – 효과 옵션은 '위에서'로 지정(단, 효과 중복 지정 시 감점처리)
      – 애니메이션 순서는 제목, 텍스트 순으로 지정
   2) 슬라이드 4번
      – 그룹으로 지정된 도형 전체에 지정
      – 반드시 지정한 영역은 애니메이션을 이용하여 '나타내기'에 있
        는 '바운드'로 지정(단, 효과 중복 지정 시 감점처리)

3. 쇼 재구성 기능을 이용하여 아래 조건에 맞게 슬라이드 쇼 재구
   성을 2개 작성하시오.
   – 첫 번째 재구성되는 슬라이드 쇼 이름은 '프로그램 실행1'로 지
     정하고, 재구성 목록에 슬라이드 1번과 슬라이드 2번을 지정
   – 두 번째 재구성되는 슬라이드 쇼 이름은 '프로그램 실행2'로
     지정하고, 재구성 목록에 슬라이드 1번과 슬라이드 3번, 슬
     라이드 4번을 지정

# ▥ ※슬라이드 노트와 유인물 편집하기

배점 1번(15), 2번(15)

【보기 - 슬라이드 노트】

1. [보기] 메뉴의 [슬라이드 노트]를 이용하여 아래와 같은 조건으로 작성하시오.
   1) 슬라이드 1 노트
      - 입력 내용 : 지구온난화에 대한 자료입니다.
      - 글꼴은 굴림체, 글꼴 크기는 15pt로 지정
      - 슬라이드 노트 배경에서 그라데이션 채우기의 기본 설정 색은 '잔잔한 물'로 지정

【보기 - 유인물 마스터】

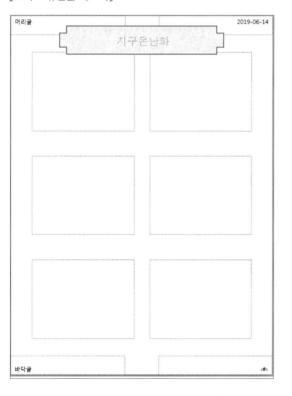

2. [보기] 메뉴의 [유인물 마스터]를 이용하여 아래와 같은 조건으로 작성하시오.
   1) 유인물의 제목을 그리기 도구모음으로 작성하시오.
      - '십자형' 도형을 유인물의 상단에 그리고, 도형의 질감은 파랑 박엽지로 지정하고, '지구온난화'를 입력
      - '십자형' 도형 크기는 너비 12cm, 높이 2cm로 지정
      - 글꼴은 돋움체, 글꼴 크기는 22pt, 글꼴효과는 텍스트 그림자로 지정

# 제5회 최신기출문제

## ※ 답안 작성 시 주의사항

- 답안문서 파일명은 응시자의 이름으로 저장하십시오.
- 파워포인트의 기능들을 이용하여 [처리사항]대로 답안문서를 작성하십시오 ([보기 슬라이드]를 참고하시오).
- 반드시 주어진 이미지 자료를 이용하여 답안문서를 작성하십시오 (주어진 이미지 자료 외 다른 자료 이용 시 감점 처리됩니다).
- 워드아트, 표 등을 처리사항에서 지시한 개수 이상 여러 개 작성한 경우 감점 처리됩니다.
- 문제에서 지시한 슬라이드의 순서가 바뀌는 경우 감점요인이 됩니다.
- 서로 다른 처리사항을 같은 위치에 작성한 경우 감점요인이 됩니다 (예) 슬라이드 2의 텍스트 부분에 제목과 텍스트 내용까지 입력한 경우 등).
- 워드아트 또는 텍스트 상자 등을 처리사항에서 지시한 개수 이상 여러 개 작성한 경우 감점요인이 됩니다.
- 문제에서 지시하지 않은 사항은 프로그램의 기본 설정 값으로 지정하십시오.
- 문제에서 별도의 지시사항이 없는 경우, 글자 입력은 텍스트 상자를 원칙으로 합니다.

## ※ 제공 이미지

- 주어진 이미지 자료를 이용하여 답안문서를 작성하시오.
  (첨부파일보기 클릭 시 이미지 자료 페이지 열림)

---

| 【보기】 | 【처리사항】 |

## ※ 디자인 서식 지정과 마스터 편집하기

배점 1번(5), 2번(11), 3번(14)

1. 전체 슬라이드의 디자인 테마는 모든 슬라이드에 '열정'을 적용하시오.

2. 마스터 기능을 이용하여 슬라이드 **상단 오른쪽**에 '○○○'을 입력하시오.
   1) 열정 슬라이드 마스터에 작성
   2) 텍스트 상자를 이용하여 '○○○'에는 응시자 본인의 이름을 입력
   3) 글꼴은 돋움체, 글꼴 크기는 25pt로 지정

3. 슬라이드 번호를 삽입하시오.
   1) 머리글/바닥글 기능을 이용하여 슬라이드 삽입 시 자동으로 추가 되게 지정
   2) 모든 슬라이드의 **하단 오른쪽**에 작성
   3) 글꼴 크기는 20pt로 지정
   4) 슬라이드 시작 번호는 3으로 지정

## ※ 슬라이드 작성하기

**【보기 – 슬라이드 1】**

**1. 슬라이드 1 : 배점 1)번(5), 2)번(15), 3)번(7)**

1) 슬라이드는 '제목 슬라이드' 슬라이드로 지정하시오.
2) 워드아트를 이용하여 제목은 'Fast Food'으로 [보기 슬라이드]
와 같이 작성하시오.
   - WordArt는 '채우기-회색-50%, 텍스트 2, 윤곽선-배경 2'로
     지정
   - 글꼴은 돋움체, 글꼴 크기는 72pt로 지정
   - 워드아트의 크기는 너비 15cm, 높이 4cm로 지정
3) [보기 슬라이드]와 같이 부제목에 '하이퍼링크'를 입력하고,
   e-Test 홈페이지를 하이퍼링크로 지정하시오.
   (e-Test 홈페이지 : http://www.e-test.co.kr)
   - 글꼴은 궁서체, 글꼴 크기는 37pt로 지정

**【보기 – 슬라이드 2】**

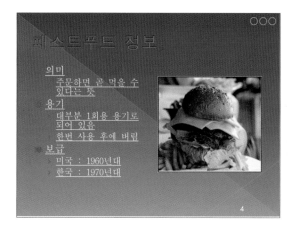

**2. 슬라이드 2 : 배점 1)번(5), 2)번(3), 3)번(10), 4)번(1), 5)번(3), 6)번(30)**

1) 새 슬라이드를 '콘텐츠 2개' 슬라이드로 추가하시오.
2) 제목은 '패스트푸드 정보'로 입력하시오
   - 글꼴은 돋움체, 글꼴 크기는 46pt로 지정
3) [보기 슬라이드]와 같이 내용을 첫째 수준과 둘째 수준으로 입
   력하시오.

> 의미
>     주문하면 곧 먹을 수 있다는 뜻
> 용기
>     대부분 1회용 용기로 되어 있음
>     한번 사용 후에 버림
> 보급
>     미국 : 1960년대
>     한국 : 1970년대

   - 글꼴은 바탕체, 글꼴 효과는 밑줄, 글꼴 크기는 첫째 수준은
     27pt, 둘째 수준은 24pt
4) 입력한 내용의 줄 간격은 배수 0.85pt로 지정하시오.
5) 글머리 기호 및 번호 매기기를 이용하여 입력한 내용의 첫째 수
   준 글머리 기호를 [보기 슬라이드]와 같이 작성하시오.
   - 글머리 기호의 모양은 ◉, 크기는 95%로 지정
6) [삽입] 메뉴의 [그림]을 이용하여 주어진 '파워제공이미지'를
   [보기 슬라이드]와 같이 문자열의 **오른쪽**에 삽입하시오.
   - 그림의 크기는 너비 10cm, 높이 9cm로 지정

【보기 – 슬라이드 3】

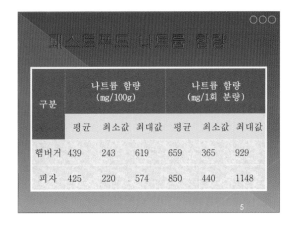

3. 슬라이드 3 : 배점 1)번(5), 2)번(3), 3)번(30)

1) 새 슬라이드를 '제목 및 내용' 슬라이드로 추가하시오.
2) 제목은 '패스트푸드 나트륨 함량'으로 입력하시오.
   – 글꼴은 굴림체, 글꼴 크기는 45pt로 지정
3) 4행 7열의 표를 작성하고, 아래의 조건대로 작성하시오.
   (반드시 표 형식이 유지되어야 함)
   – 아래 지정된 셀을 각각 셀 병합 지정
   1행 1열 ~ 2행 1열 셀 병합
   1행 2열 ~ 1행 4열 셀 병합
   1행 5열 ~ 1행 7열 셀 병합
   – 표 전체에 [보기 슬라이드]와 같이 내용을 입력하고, 글꼴은
     바탕체, 글꼴 크기는 25pt로 지정
   – 아래의 조건대로 셀 맞춤 지정
   표 전체 : [표 도구] – [레이아웃] 메뉴 [맞춤] 그룹의 세로 가운데
   맞춤
   1행 : [표 도구] – [레이아웃] 메뉴 [맞춤] 그룹의 가운데 맞춤
   2행 : [표 도구] – [레이아웃] 메뉴 [맞춤] 그룹의 가운데 맞춤
   1열 : [표 도구] – [레이아웃] 메뉴 [맞춤] 그룹의 가운데 맞춤
   – 3행과 4행의 채우기는 질감의 '꽃다발'으로 지정
   – 표 전체의 안쪽 세로 테두리는 점선, 안쪽 가로 테두리와 바
     깥쪽 테두리는 실선으로 지정
   – 표 전체 바깥쪽 테두리는 4.5pt 실선으로 지정

【보기 – 슬라이드 4】

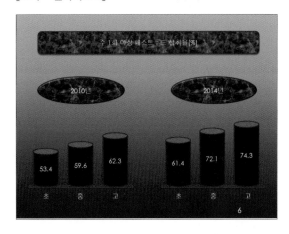

4. 슬라이드 4 : 배점 1)번(5), 2)번(54), 3)번(10)

1) 새 슬라이드를 '빈 화면' 슬라이드로 추가하시오.
2) 그리기 도구모음을 이용하여 아래 조건에 맞게 [보기 슬라이드]
   와 같이 작성하시오.
   – 모서리가 둥근 직사각형 도형을 1개 그리고, 면의 질감은 녹
     색 대리석으로 지정하고, 그림자는 '바깥쪽, 오프셋 아래쪽'을
     적용, '주 1회 이상 패스트푸드 섭취율(%)'을 입력
   – 타원 도형을 2개 그리고, 면의 질감은 밤색 대리석으로 지
     정하고, 3차원 서식으로 입체효과의 위쪽 '둥글게'를 적용,
     '2010년', '2014년'을 입력
   – 선의 종류가 실선이고, 너비가 8pt인 선 2개 그리기
   – 원통 도형을 6개 그리고, 면의 질감은 자주 편물로 지정하고,
     '53.4', '59.6', '62.3', '61.4', '72.1', '74.3'을 입력
   – 가로 텍스트 상자를 6개 그리고, '초', '중', '고', '초', '중', '고'를
     각각 입력
   – 작성된 모든 도형은 [보기 슬라이드]와 같이 배열하고, 그룹으
     로 지정하고, 크기는 너비 23cm, 높이 16cm로 지정
3) 슬라이드의 배경 서식에서 배경 그래픽 숨기기를 지정하고 그라
   데이션 채우기의 기본 설정 색은 '마호가니'로 지정하시오.

【보기 – 슬라이드 5】

5. 슬라이드 5 : 배점 1)번(5), 2)번(3), 3)번(16), 4)번(3)

   1) 새 슬라이드를 '제목만' 슬라이드로 추가하시오.
   2) 제목은 '프로그램 실행'으로 입력하시오.
      – 글꼴은 궁서체, 글꼴 크기는 49pt로 지정
   3) 도형을 작성하여 실행 설정을 지정하시오.
      – 그리기 도구 모음의 '이등변 삼각형' 도형을 그리고, 면의 질감
        은 화강암으로 지정하고, 너비 6cm, 높이 4cm로 작성
      – 작성된 '이등변 삼각형' 도형은 3차원 서식으로 입체 효과의
        위쪽 '둥글게'와 깊이 140pt를 지정
      – 슬라이드 쇼 실행 시, 마우스를 '이등변 삼각형' 도형 위에 놓
        았을 때 메모장 프로그램(NOTEPAD.EXE)이 실행되도록 실
        행 설정을 지정
      – 실행 설정이 지정된 '이등변 삼각형' 도형을 복사하여 상하 대
        칭 지정
      – 작성된 두 개의 '이등변 삼각형' 도형을 그룹으로 지정
   4) 슬라이드 5를 숨기기로 지정하시오.

## ※ 슬라이드 쇼 관련 기능 지정하기

   배점 1번(8), 2번(10), 3번(9)

1. 아래 조건에 맞는 화면 전환을 지정하시오.
      – 화면 전환 효과는 '당기기'
      – 효과 옵션은 '왼쪽에서'로 지정
      – 55초마다 자동으로만 전환되도록 지정
      – 모든 슬라이드에 지정

2. 아래 조건에 맞는 애니메이션을 지정하시오.
   1) 슬라이드 2번
      – 그림을 제외한 제목, 텍스트에 지정
      – 반드시 지정한 영역은 애니메이션을 이용하여 '나타내기'에 있
        는 '닦아내기'로 지정
      – 효과 옵션은 '왼쪽에서'로 지정(단, 효과 중복 지정 시 감점처리)
      – 애니메이션 순서는 제목, 텍스트 순으로 지정
   2) 슬라이드 4번
      – 그룹으로 지정된 도형 전체에 지정
      – 반드시 지정한 영역은 애니메이션을 이용하여 '나타내기'에 있
        는 '회전'으로 지정(단, 효과 중복 지정 시 감점처리)

3. 쇼 재구성 기능을 이용하여 아래 조건에 맞게 슬라이드 쇼 재구
   성을 2개 작성하시오.
      – 첫 번째 재구성되는 슬라이드 쇼 이름은 '프로그램 실행1'로 지
        정하고, 재구성 목록에 슬라이드 1번과 슬라이드 3번을 지정
      – 두 번째 재구성되는 슬라이드 쇼 이름은 '프로그램 실행2'로 지
        정하고, 재구성 목록에 슬라이드 1번과 슬라이드 2번, 슬라이
        드 4번을 지정

# ※ 슬라이드 노트와 유인물 편집하기

배점 1번(15), 2번(15)

**【보기 – 슬라이드 노트】**

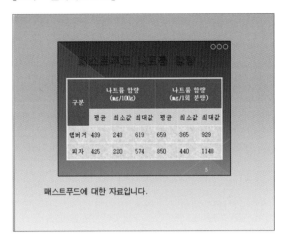

1. [보기] 메뉴의 [슬라이드 노트]를 이용하여 아래와 같은 조건으로 작성하시오.
   1) 슬라이드 3 노트
      - 입력 내용 : 패스트푸드에 대한 자료입니다.
      - 글꼴은 돋움체, 글꼴 크기는 15pt로 지정
      - 슬라이드 노트 배경에서 그라데이션 채우기의 기본 설정 색은 '사막'으로 지정

**【보기 – 유인물 마스터】**

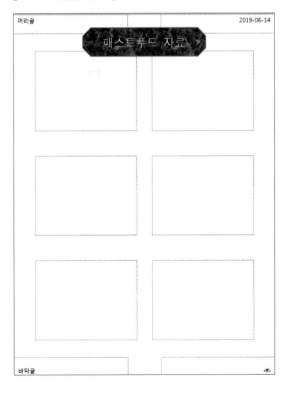

2. [보기] 메뉴의 [유인물 마스터]를 이용하여 아래와 같은 조건으로 작성하시오.
   1) 유인물의 제목을 그리기 도구모음으로 작성하시오.
      - '팔각형' 도형을 유인물의 상단에 그리고, 도형의 질감은 밤색 대리석으로 지정하고, '패스트푸드 자료'를 입력
      - '팔각형' 도형 크기는 너비 9cm, 높이 2cm로 지정
      - 글꼴은 돋움체, 글꼴 크기는 23pt, 글꼴효과는 텍스트 그림자로 지정

# 제6회 최신기출문제

## ※ 답안 작성 시 주의사항

- 답안문서 파일명은 응시자의 이름으로 저장하십시오.
- 파워포인트의 기능들을 이용하여 [처리사항]대로 답안문서를 작성하십시오 ([보기 슬라이드]를 참고하시오).
- 반드시 주어진 이미지 자료를 이용하여 답안문서를 작성하십시오 (주어진 이미지 자료 외 다른 자료 이용 시 감점 처리됩니다).
- 워드아트, 표 등을 처리사항에서 지시한 개수 이상 여러 개 작성한 경우 감점 처리됩니다.
- 문제에서 지시한 슬라이드의 순서가 바뀌는 경우 감점요인이 됩니다.
- 서로 다른 처리사항을 같은 위치에 작성한 경우 감점요인이 됩니다 (예) 슬라이드 2의 텍스트 부분에 제목과 텍스트 내용까지 입력한 경우 등).
- 워드아트 또는 텍스트 상자 등을 처리사항에서 지시한 개수 이상 여러 개 작성한 경우 감점요인이 됩니다.
- 문제에서 지시하지 않은 사항은 프로그램의 기본 설정 값으로 지정하십시오.
- 문제에서 별도의 지시사항이 없는 경우, 글자 입력은 텍스트 상자를 원칙으로 합니다.

## ※ 제공 이미지

- 주어진 이미지 자료를 이용하여 답안문서를 작성하시오.
  (첨부파일보기 클릭 시 이미지 자료 페이지 열림)

| 【보기】 | 【처리사항】 |
|---|---|

## ※ 디자인 서식 지정과 마스터 편집하기

배점 1번(5), 2번(11), 3번(14)

1. 전체 슬라이드의 디자인 테마는 모든 슬라이드에 '각'을 적용하시오.

2. 마스터 기능을 이용하여 슬라이드 **상단 오른쪽**에 '○○○'을 입력하시오.
   1) 각 슬라이드 마스터에 작성
   2) 텍스트 상자를 이용하여 '○○○'에는 응시자 본인의 이름을 입력
   3) 글꼴은 바탕체, 글꼴 크기는 25pt로 지정

3. 슬라이드 번호를 삽입하시오.
   1) 머리글/바닥글 기능을 이용하여 슬라이드 삽입 시 자동으로 추가 되게 지정
   2) 모든 슬라이드의 **하단 오른쪽**에 작성
   3) 글꼴 크기는 25pt로 지정
   4) 슬라이드 시작 번호는 0으로 지정

# ※ 슬라이드 작성하기

【보기 – 슬라이드 1】

## 1. 슬라이드 1 : 배점 1)번(5), 2)번(15), 3)번(7)

1) 슬라이드는 '제목 슬라이드' 슬라이드로 지정하시오.
2) 워드아트를 이용하여 제목을 '금융시장과 금융생활'로 [보기 슬라이드]와 같이 작성하시오.
   - WordArt는 '채우기-담청색, 텍스트 2, 윤곽선-배경 2'로 지정
   - 글꼴은 궁서체, 글꼴 크기는 45pt로 지정
   - 워드아트의 크기는 너비 16cm, 높이 3cm로 지정
3) [보기 슬라이드]와 같이 부제목에 '하이퍼링크'를 입력하고, e-Test 홈페이지를 하이퍼링크로 지정하시오.
   (e-Test 홈페이지 : http://www.e-test.co.kr)
   - 글꼴은 돋움체, 글꼴 크기는 20pt로 지정

【보기 – 슬라이드 2】

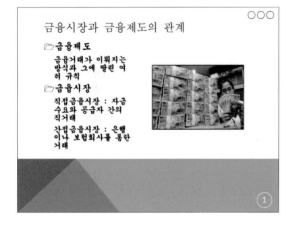

## 2. 슬라이드 2 : 배점 1)번(5), 2)번(3), 3)번(10), 4)번(1), 5)번(3), 6)번(30)

1) 새 슬라이드를 '콘텐츠 2개' 슬라이드로 추가하시오.
2) 제목은 '금융시장과 금융제도의 관계'로 입력하시오.
   - 글꼴은 바탕체, 글꼴 크기는 30pt로 지정
3) [보기 슬라이드]와 같이 내용을 첫째 수준과 둘째 수준으로 입력하시오.

> 금융제도
> 　　금융거래가 이뤄지는 방식과 그에 딸린 여러 규칙
> 금융시장
> 　　직접금융시장 : 자금수요와 공급자 간의 직거래
> 　　간접금융시장 : 은행이나 보험회사를 통한 거래

   - 글꼴은 궁서체, 글꼴 효과는 굵게, 글꼴 크기는 첫째 수준은 25pt, 둘째 수준은 21pt
4) 입력한 내용의 줄 간격은 배수 0.85pt로 지정하시오.
5) 글머리 기호 및 번호 매기기를 이용하여 입력한 내용의 첫째 수준 글머리 기호를 [보기 슬라이드]와 같이 작성하시오.
   - 글머리 기호의 모양은 🗁, 크기는 90%로 지정
6) [삽입] 메뉴의 [그림]을 이용하여 주어진 '파워제공이미지'를 [보기 슬라이드]와 같이 문자열의 오른쪽에 삽입하시오.
   - 그림의 크기는 너비 9cm, 높이 6cm로 지정

【보기 – 슬라이드 3】

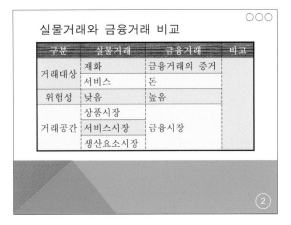

3. 슬라이드 3 : 배점 1)번(5), 2)번(3), 3)번(30)

1) 새 슬라이드를 '제목 및 내용' 슬라이드로 추가하시오.
2) 제목은 '실물거래와 금융거래 비교'로 입력하시오.
    – 글꼴은 돋움체, 글꼴 크기는 32pt로 지정
3) 7행 4열의 표를 작성하고, 아래의 조건대로 작성하시오.
  (반드시 표 형식이 유지되어야 함)
    – 아래 지정된 셀을 각각 셀 병합 지정
    2행 1열 ~ 3행 1열 셀 병합
    2행 4열 ~ 7행 4열 셀 병합
    5행 1열 ~ 7행 1열 셀 병합
    5행 3열 ~ 7행 3열 셀 병합
    – 표 전체에 [보기 슬라이드]와 같이 내용을 입력하고, 글꼴은 바탕체, 글꼴 크기는 25pt로 지정
    – 아래의 조건대로 셀 맞춤 지정
    표 전체 : [표 도구] – [레이아웃] 메뉴 [맞춤] 그룹의 세로 가운데 맞춤
    1행 : [표 도구] – [레이아웃] 메뉴 [맞춤] 그룹의 가운데 맞춤
    1열 : [표 도구] – [레이아웃] 메뉴 [맞춤] 그룹의 가운데 맞춤
    – 1행의 채우기는 질감의 '일반 목재'로 지정
    – 표 전체의 안쪽 세로 테두리는 파선, 안쪽 가로 테두리와 바깥쪽 테두리는 실선으로 지정
    – 표 전체 바깥쪽 테두리는 3pt 실선으로 지정

【보기 – 슬라이드 4】

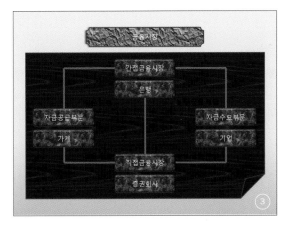

4. 슬라이드 4 : 배점 1)번(5), 2)번(54), 3)번(10)

1) 새 슬라이드를 '빈 화면' 슬라이드로 추가하시오.
2) 그리기 도구모음을 이용하여 아래 조건에 맞게 [보기 슬라이드]와 같이 작성하시오.
    – 배지 도형을 1개 그리고, 면의 질감은 종이가방으로 지정하고, 그림자는 '바깥쪽, 오프셋 왼쪽'으로 적용, '금융시장'을 입력
    – 모서리가 접힌 도형을 1개 그리고, 면의 질감은 월넛으로 지정
    – 모서리가 둥근 직사각형 도형을 8개 그리고, 면의 질감은 녹색 대리석으로 지정하고, 3차원 서식으로 입체효과의 위쪽 '둥글게'를 적용, '간접금융시장', '은행', '자금공급부문', '가계', '자금수요부문', '기업', '직접금융시장', '증권회사'를 입력
    – 선의 종류가 실선이고, 너비가 5pt인 선 9개 그리기
    – 가로 텍스트 상자를 4개 그리고, '낮은 위험', '높은 금융 부담', '높은 위험', '낮은 금융 부담'을 각각 입력
    – 작성된 모든 도형은 [보기 슬라이드]와 같이 배열하고, 그룹으로 지정하고, 크기는 너비 23cm, 높이 16cm로 지정
3) 슬라이드의 배경에서 배경 그래픽 숨기기를 지정하고 그라데이션 채우기의 기본 설정색은 '양피지'로 지정하시오.

**【보기 – 슬라이드 5】**

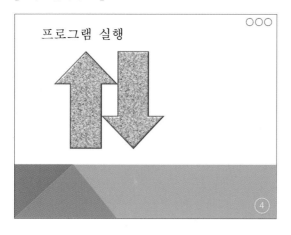

**5. 슬라이드 5 : 배점 1)번(5), 2)번(3), 3)번(16), 4)번(3)**

 1) 새 슬라이드를 '제목만' 슬라이드로 추가하시오.
 2) 제목은 '프로그램 실행'으로 입력하시오.
  – 글꼴은 바탕체, 글꼴 크기는 35pt로 지정
 3) 도형을 작성하여 실행 설정을 지정하시오.
  – 그리기 도구 모음의 '위쪽 화살표' 도형을 그리고, 면의 질감
   은 화강암으로 지정하고, 너비 6cm, 높이 9cm로 작성
  – 작성된 '위쪽 화살표' 도형은 3차원 서식으로 입체 효과의 위
   쪽 '둥글게'와 깊이 72pt를 지정
  – 슬라이드 쇼 실행 시, 마우스를 '위쪽 화살표' 도형 위에 놓았
   을 때 메모장 프로그램(NOTEPAD.EXE)이 실행되도록 실행
   설정을 지정
  – 실행 설정이 지정된 '위쪽 화살표' 도형을 복사하여 좌우 대칭
   지정
  – 작성된 두 개의 '위쪽 화살표' 도형을 그룹으로 지정
 4) 슬라이드 5를 숨기기로 지정하시오.

## ※ 슬라이드 쇼 관련 기능 지정하기

**배점 1번(8), 2번(10), 3번(9)**

1. 아래 조건에 맞는 화면 전환을 지정하시오.
  – 화면 전환 효과는 '밀어내기'
  – 효과 옵션은 '오른쪽에서'로 지정
  – 50초마다 자동으로만 전환되도록 지정
  – 모든 슬라이드에 지정

2. 아래 조건에 맞는 애니메이션을 지정하시오.
 1) 슬라이드 2번
  – 그림을 제외한 제목, 텍스트에 지정
  – 반드시 지정한 영역은 애니메이션을 이용하여 '나타내기'에 있
   는 '닦아내기'로 지정
  – 효과 옵션은 '오른쪽에서'로 지정(단, 효과 중복 지정 시 감점
   처리)
  – 애니메이션 순서는 텍스트, 제목 순으로 지정
 2) 슬라이드 4번
  – 그룹으로 지정된 도형 전체에 지정
  – 반드시 지정한 영역은 애니메이션을 이용하여 '나타내기'에 있
   는 '회전'으로 지정(단, 효과 중복 지정 시 감점처리)

3. 쇼 재구성 기능을 이용하여 아래 조건에 맞게 슬라이드 쇼 재구
  성을 2개 작성하시오.
  – 첫 번째 재구성되는 슬라이드 쇼 이름은 '프로그램 실행1'로 지
   정하고, 재구성 목록에 슬라이드 1번과 슬라이드 3번을 지정
  – 두 번째 재구성되는 슬라이드 쇼 이름은 '프로그램 실행2'로
   지정히고, 재구성 목록에 슬라이드 2번과 슬라이드 4번, 슬
   라이드 5번을 지정

## ※ 슬라이드 노트와 유인물 편집하기

배점 1번(15), 2번(15)

【보기 – 슬라이드 노트】

1. [보기] 메뉴의 [슬라이드 노트]를 이용하여 아래와 같은 조건으로 작성하시오.
   1) 슬라이드 1 노트
      - 입력 내용 : 금융시장과 금융생활에 대한 자료입니다.
      - 글꼴은 바탕체, 글꼴 크기는 15pt로 지정
      - 슬라이드 노트 배경에서 그라데이션 채우기의 기본 설정 색은 '사막'로 지정

【보기 – 유인물 마스터】

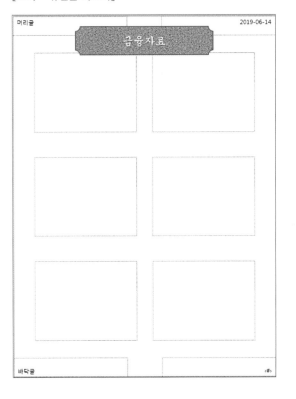

2. [보기] 메뉴의 [유인물 마스터]를 이용하여 아래와 같은 조건으로 작성하시오.
   1) 유인물의 제목을 그리기 도구모음으로 작성하시오.
      - '배지' 도형을 유인물의 상단에 그리고, 도형의 질감은 모래로 지정하고, '금융자료'를 입력
      - '배지' 도형 크기는 너비 10cm, 높이 2cm로 지정
      - 글꼴은 궁서체, 글꼴 크기는 22pt, 글꼴효과는 텍스트 그림자로 지정

# 제7회 최신기출문제

※ 답안 작성 시 주의사항
- 답안문서 파일명은 응시자의 이름으로 저장하십시오.
- 파워포인트의 기능들을 이용하여 [처리사항]대로 답안문서를 작성하십시오 ([보기 슬라이드]를 참고하시오).
- 반드시 주어진 이미지 자료를 이용하여 답안문서를 작성하십시오 (주어진 이미지 자료 외 다른 자료 이용 시 감점 처리됩니다).
- 워드아트, 표 등을 처리사항에서 지시한 개수 이상 여러 개 작성한 경우 감점 처리됩니다.
- 문제에서 지시한 슬라이드의 순서가 바뀌는 경우 감점요인이 됩니다.
- 서로 다른 처리사항을 같은 위치에 작성한 경우 감점요인이 됩니다 (예) 슬라이드 2의 텍스트 부분에 제목과 텍스트 내용까지 입력한 경우 등).
- 워드아트 또는 텍스트 상자 등을 처리사항에서 지시한 개수 이상 여러 개 작성한 경우 감점요인이 됩니다.
- 문제에서 지시하지 않은 사항은 프로그램의 기본 설정 값으로 지정하십시오.
- 문제에서 별도의 지시사항이 없는 경우, 글자 입력은 텍스트 상자를 원칙으로 합니다.

※ 제공 이미지
- 주어진 이미지 자료를 이용하여 답안문서를 작성하시오.
  (첨부파일보기 클릭 시 이미지 자료 페이지 열림)

| 【보기】 | 【처리사항】 |
|---|---|

## ※ 디자인 서식 지정과 마스터 편집하기

배점 1번(5), 2번(11), 3번(14)

1. 전체 슬라이드의 디자인 테마는 모든 슬라이드에 '흐름'을 적용하시오.

2. 마스터 기능을 이용하여 슬라이드 **상단 오른쪽**에 '○○○'을 입력하시오.
   1) 흐름 슬라이드 마스터에 작성
   2) 텍스트 상자를 이용하여 '○○○'에는 응시자 본인의 이름을 입력
   3) 글꼴은 돋움체, 글꼴 크기는 26pt로 지정

3. 슬라이드 번호를 삽입하시오.
   1) 머리글/바닥글 기능을 이용하여 슬라이드 삽입 시 자동으로 추가 되게 지정
   2) 제목 슬라이드를 제외한 모든 슬라이드의 **하단 오른쪽**에 작성
   3) 글꼴 크기는 27pt로 지정
   4) 슬라이드 시작 번호는 2로 지정

## ※ 슬라이드 작성하기

1. 슬라이드 1 : 배점 1)번(5), 2)번(15), 3)번(7)

1) 슬라이드는 '제목 슬라이드' 슬라이드로 지정하시오.
2) 워드아트를 이용하여 제목은 '노인질병'으로 [보기 슬라이드]와 같이 작성하시오.
 – WordArt는 '채우기–진한 청록, 텍스트 2, 윤곽선–배경 2'로 지정
 – 글꼴은 굴림체, 글꼴 크기는 64pt로 지정
 – 워드아트의 크기는 너비 10cm, 높이 3cm로 지정
3) [보기 슬라이드]와 같이 부제목에 '하이퍼링크'를 입력하고, e–Test 홈페이지를 하이퍼링크로 지정하시오.
 (e–Test 홈페이지 : http://www.e–test.co.kr)
 – 글꼴은 돋움체, 글꼴 크기는 37pt로 지정

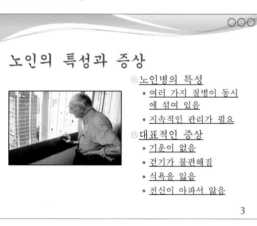

2. 슬라이드 2 : 배점 1)번(5), 2)번(3), 3)번(10), 4)번(1), 5)번(3), 6)번(30)

1) 새 슬라이드를 '콘텐츠 2개' 슬라이드로 추가하시오.
2) 제목은 '노인의 특성과 증상'으로 입력하시오.
 – 글꼴은 궁서체, 글꼴 크기는 42pt로 지정
3) [보기 슬라이드]와 같이 내용을 첫째 수준과 둘째 수준으로 입력하시오.

> 노인병의 특성
>  여러 가지 질병이 동시에 섞여 있음
>  지속적인 관리가 필요
> 대표적인 증상
>  기운이 없음
>  걷기가 불편해짐
>  식욕을 잃음
>  전신이 아파서 앓음

 – 글꼴은 바탕체, 글꼴 효과는 밑줄, 글꼴 크기는 첫째 수준은 27pt, 둘째 수준은 23pt
4) 입력한 내용의 줄 간격은 고정 32pt로 지정하시오.
5) 글머리 기호 및 번호 매기기를 이용하여 입력한 내용의 첫째 수준 글머리 기호를 [보기 슬라이드]와 같이 작성하시오.
 – 글머리 기호의 모양은 ⊗, 크기는 85%로 지정
6) [삽입] 메뉴의 [그림]을 이용하여 주어진 '파워제공이미지'를 [보기 슬라이드]와 같이 문자열의 **왼쪽**에 삽입하시오.
 – 그림의 크기는 너비 11cm, 높이 7cm로 지정

**【보기 – 슬라이드 3】**

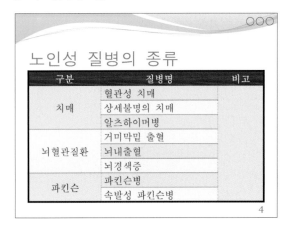

노인성 질병의 종류

| 구분 | 질병명 | 비고 |
|------|--------|------|
| 치매 | 혈관성 치매 | |
| | 상세불명의 치매 | |
| | 알츠하이머병 | |
| 뇌혈관질환 | 거미막밑 출혈 | |
| | 뇌내출혈 | |
| | 뇌경색증 | |
| 파킨슨 | 파킨슨병 | |
| | 속발성 파킨슨병 | |

**3. 슬라이드 3 : 배점 1)번(5), 2)번(3), 3)번(30)**

1) 새 슬라이드를 '제목 및 내용' 슬라이드로 추가하시오.
2) 제목은 '노인성 질병의 종류'로 입력하시오.
   – 글꼴은 돋움체, 글꼴 크기는 46pt로 지정
3) 9행 3열의 표를 작성하고, 아래의 조건대로 작성하시오.
   (반드시 표 형식이 유지되어야 함)
   – 아래 지정된 셀을 각각 셀 병합 지정
   2행 1열 ~ 4행 1열 셀 병합
   2행 3열 ~ 9행 3열 셀 병합
   5행 1열 ~ 7행 1열 셀 병합
   8행 1열 ~ 9행 1열 셀 병합
   – 표 전체에 [보기 슬라이드]와 같이 내용을 입력하고, 글꼴은 바탕체, 글꼴 크기는 26pt로 지정
   – 아래의 조건대로 셀 맞춤 지정
   표 전체 : [표 도구]–[레이아웃] 메뉴 [맞춤] 그룹의 세로 가운데 맞춤
   1행 : [표 도구]–[레이아웃] 메뉴 [맞춤] 그룹의 가운데 맞춤
   1열 : [표 도구]–[레이아웃] 메뉴 [맞춤] 그룹의 가운데 맞춤
   – 1행의 채우기는 질감의 '월넛'으로 지정
   – 표 전체의 안쪽 세로 테두리는 점선, 안쪽 가로 테두리와 바깥쪽 테두리는 실선으로 지정
   – 표 전체 바깥쪽 테두리는 4.5pt 실선으로 지정

**【보기 – 슬라이드 4】**

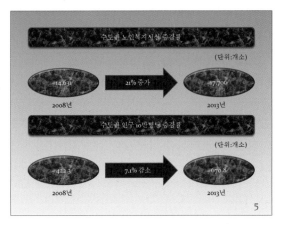

**4. 슬라이드 4 : 배점 1)번(5), 2)번(54), 3)번(10)**

1) 새 슬라이드를 '빈 화면' 슬라이드로 추가하시오.
2) 그리기 도구모음을 이용하여 아래 조건에 맞게 [보기 슬라이드]와 같이 작성하시오.
   – 모서리가 둥근 직사각형 도형을 2개 그리고, 면의 질감은 밤색 대리석으로 지정하고, 그림자는 '바깥쪽, 오프셋 아래쪽'으로 적용, '수도권 노인복지시설 증감률', '수도권 인구 10만명당 증감률'을 입력
   – 타원 도형을 4개 그리고, 면의 질감은 녹색 대리석으로 지정하고, 3차원 서식으로 입체효과의 위쪽 '둥글게'를 적용, '14,631', '17,706', '422.3', '670.8'을 입력
   – 오른쪽 화살표 도형을 2개 그리고, 면의 질감은 자주 편물로 지정하고, '21% 증가', '7.1% 감소'를 입력
   – 가로 텍스트 상자를 6개 그리고, '(단위:개소)', '2008년', '2013년', '(단위:개소)', '2008년', '2013년'을 각각 입력
   – 작성된 모든 도형은 [보기 슬라이드]와 같이 배열하고, 그룹으로 지정하고, 크기는 너비 22cm, 높이 16cm로 지정
3) 슬라이드의 배경에서 배경 그래픽 숨기기를 지정하고 그라데이션 채우기의 기본 설정 색은 '새벽'으로 지정하시오.

【보기 – 슬라이드 5】

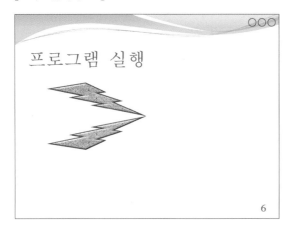

5. 슬라이드 5 : 배점 1)번(5), 2)번(3), 3)번(16), 4)번(3)

1) 새 슬라이드를 '제목만' 슬라이드로 추가하시오.
2) 제목은 '프로그램 실행'으로 입력하시오.
   – 글꼴은 바탕체, 글꼴 크기는 49pt로 지정
3) 도형을 작성하여 실행 설정을 지정하시오.
   – 그리기 도구 모음의 '번개' 도형을 그리고, 면의 질감은 돗자리로 지정하고, 너비 9cm, 높이 3cm로 작성
   – 작성된 '번개' 도형은 3차원 서식으로 입체 효과의 위쪽 '둥글게'와 깊이 72pt를 지정
   – 슬라이드 쇼 실행 시, 마우스를 '번개' 도형 위에 놓았을 때 메모장 프로그램(NOTEPAD.EXE)이 실행되도록 실행 설정을 지정
   – 실행 설정이 지정된 '번개' 도형을 복사하여 상하 대칭 지정
   – 작성된 두 개의 '번개' 도형을 그룹으로 지정
4) 슬라이드 5를 숨기기로 지정하시오.

## ■ 슬라이드 쇼 관련 기능 지정하기

배점 1번(8), 2번(10), 3번(9)

1. 아래 조건에 맞는 화면 전환을 지정하시오.
   – 화면 전환 효과는 '덮기'
   – 효과 옵션은 '오른쪽에서'로 지정
   – 55초마다 자동으로만 전환되도록 지정
   – 모든 슬라이드에 지정

2. 아래 조건에 맞는 애니메이션을 지정하시오.
   1) 슬라이드 2번
      – 그림을 제외한 제목, 텍스트에 지정
      – 반드시 지정한 영역은 애니메이션을 이용하여 '나타내기'에 있는 '나누기'로 지정
      – 효과 옵션은 '세로 바깥쪽으로'로 지정(단, 효과 중복 지정 시 감점처리)
      – 애니메이션 순서는 제목, 텍스트 순으로 지정
   2) 슬라이드 4번
      – 그룹으로 지정된 도형 전체에 지정
      – 반드시 지정한 영역은 애니메이션을 이용하여 '나타내기'에 있는 '회전하며 밝기 변화'로 지정(단, 효과 중복 지정 시 감점처리)

3. 쇼 재구성 기능을 이용하여 아래 조건에 맞게 슬라이드 쇼 재구성을 2개 작성하시오.
   – 첫 번째 재구성되는 슬라이드 쇼 이름은 '프로그램 실행 1'로 지정하고, 재구성 목록에 슬라이드 2번과 슬라이드 3번을 지정
   – 두 번째 재구성되는 슬라이드 쇼 이름은 '프로그램 실행 2'로 지정하고, 재구성 목록에 슬라이드 1번과 슬라이드 4번, 슬라이드 5번을 지정

## ※ 슬라이드 노트와 유인물 편집하기

배점 1번(15), 2번(15)

【보기 - 슬라이드 노트】

1. [보기] 메뉴의 [슬라이드 노트]를 이용하여 아래와 같은 조건으로 작성하시오.
   1) 슬라이드 1 노트
      - 입력 내용 : 노인질병에 대한 자료입니다.
      - 글꼴은 돋움체, 글꼴 크기는 16pt로 지정
      - 슬라이드 노트 배경에서 그라데이션 채우기의 기본 설정 색은 '해양'으로 지정

【보기 - 유인물 마스터】

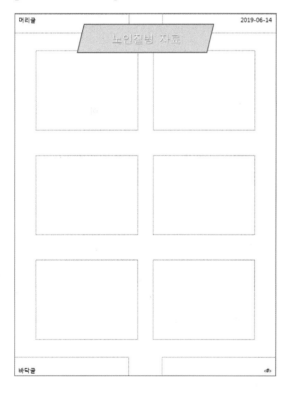

2. [보기] 메뉴의 [유인물 마스터]를 이용하여 아래와 같은 조건으로 작성하시오.
   1) 유인물의 제목을 그리기 도구모음으로 작성하시오.
      - '평행사변형' 도형을 유인물의 상단에 그리고, 도형의 질감은 재생지로 지정하고, '노인질병 자료'를 입력
      - '평행사변형' 도형 크기는 너비 10cm, 높이 2cm로 지정
      - 글꼴은 돋움체, 글꼴 크기는 22pt, 글꼴효과는 텍스트 그림자로 지정

# 제8회 최신기출문제

## ※ 답안 작성 시 주의사항

- 답안문서 파일명은 응시자의 이름으로 저장하십시오.
- 파워포인트의 기능들을 이용하여 [처리사항]대로 답안문서를 작성하십시오 ([보기 슬라이드]를 참고하시오).
- 반드시 주어진 이미지 자료를 이용하여 답안문서를 작성하십시오 (주어진 이미지 자료 외 다른 자료 이용 시 감점 처리됩니다).
- 워드아트, 표 등을 처리사항에서 지시한 개수 이상 여러 개 작성한 경우 감점 처리됩니다.
- 문제에서 지시한 슬라이드의 순서가 바뀌는 경우 감점요인이 됩니다.
- 서로 다른 처리사항을 같은 위치에 작성한 경우 감점요인이 됩니다 (예) 슬라이드 2의 텍스트 부분에 제목과 텍스트 내용까지 입력한 경우 등).
- 워드아트 또는 텍스트 상자 등을 처리사항에서 지시한 개수 이상 여러 개 작성한 경우 감점요인이 됩니다.
- 문제에서 지시하지 않은 사항은 프로그램의 기본 설정 값으로 지정하십시오.
- 문제에서 별도의 지시사항이 없는 경우, 글자 입력은 텍스트 상자를 원칙으로 합니다.

## ※ 제공 이미지

- 주어진 이미지 자료를 이용하여 답안문서를 작성하시오.
  (첨부파일보기 클릭 시 이미지 자료 페이지 열림)

| 【보기】 | 【처리사항】 |
|---|---|

## ※ 디자인 서식 지정과 마스터 편집하기

배점 1번(5), 2번(11), 3번(14)

1. 전체 슬라이드의 디자인 테마는 모든 슬라이드에 '고려청자'를 적용하시오.

2. 마스터 기능을 이용하여 슬라이드 **상단 오른쪽**에 '○○○'을 입력하시오.
   1) 고려청자 슬라이드 마스터에 작성
   2) 텍스트 상자를 이용하여 '○○○'에는 응시자 본인의 이름을 입력
   3) 글꼴은 돋움체, 글꼴 크기는 27pt로 지정

3. 슬라이드 번호를 삽입하시오.
   1) 머리글/바닥글 기능을 이용하여 슬라이드 삽입 시 자동으로 추가 되게 지정
   2) 모든 슬라이드의 **하단 오른쪽**에 작성
   3) 글꼴 크기는 24pt로 지정
   4) 슬라이드 시작 번호는 4로 지정

# ※ 슬라이드 작성하기

【보기 – 슬라이드 1】

1. 슬라이드 1 : 배점 1)번(5), 2)번(15), 3)번(7)

1) 슬라이드는 '제목 슬라이드' 슬라이드로 지정하시오.
2) 워드아트를 이용하여 제목은 '소셜네트워크'로 [보기 슬라이드]와
   같이 작성하시오.
   – WordArt는 '채우기–진한 청록, 텍스트 2, 윤곽선–배경 2'로
     지정
   – 글꼴은 굴림체, 글꼴 크기는 62pt로 지정
   – 워드아트의 크기는 너비 14cm, 높이 3cm로 지정
3) [보기 슬라이드]와 같이 부제목에 '하이퍼링크'를 입력하고,
   e-Test 홈페이지를 하이퍼링크로 지정하시오.
   (e-Test 홈페이지 : http://www.e-test.co.kr)
   – 글꼴은 돋움체, 글꼴 크기는 40pt로 지정

【보기 – 슬라이드 2】

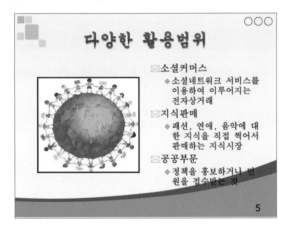

2. 슬라이드 2 : 배점 1)번(5), 2)번(3), 3)번(10), 4)번(1), 5)번(3), 6)번(30)

1) 새 슬라이드를 '콘텐츠 2개' 슬라이드로 추가하시오.
2) 제목은 '다양한 활용범위'로 입력하시오.
   – 글꼴은 궁서체, 글꼴 크기는 46pt로 지정
3) [보기 슬라이드]와 같이 내용을 첫째 수준과 둘째 수준으로 입
   력하시오.

> 소셜커머스
>     소셜네트워크 서비스를 이용하여 이루어지는 전자상거래
> 지식판매
>     패션, 연애, 음악에 대한 지식을 직접 찍어서 판매하는
>     지식시장
> 공공부문
>     정책을 홍보하거나 민원을 접수받는 것

   – 글꼴은 바탕체, 글꼴 효과는 굵게, 글꼴 크기는 첫째 수준은
     26pt, 둘째 수준은 23pt
4) 입력한 내용의 줄 간격은 배수 0.95pt로 지정하시오.
5) 글머리 기호 및 번호 매기기를 이용하여 입력한 내용의 첫째 수
   준 글머리 기호를 [보기 슬라이드]와 같이 작성하시오.
   – 글머리 기호의 모양은 ⊠, 크기는 90%로 지정
6) [삽입] 메뉴의 [그림]을 이용하여 주어진 '파워제공이미지'를 [보
   기 슬라이드]와 같이 문자열의 왼쪽에 삽입하시오.
   – 그림의 크기는 너비 10cm, 높이 9cm로 지정

【보기 – 슬라이드 3】

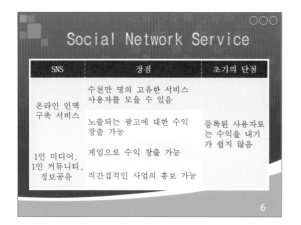

## 3. 슬라이드 3 : 배점 1)번(5), 2)번(3), 3)번(30)

1) 새 슬라이드를 '제목 및 내용' 슬라이드로 추가하시오.
2) 제목은 'Social Network Service'로 입력하시오.
   - 글꼴은 돋움체, 글꼴 크기는 45pt로 지정
3) 5행 3열의 표를 작성하고, 아래의 조건대로 작성하시오.
   (반드시 표 형식이 유지되어야 함)
   - 아래 지정된 셀을 각각 셀 병합 지정
   2행 1열 ~ 3행 1열 셀 병합
   2행 3열 ~ 5행 3열 셀 병합
   4행 1열 ~ 5행 1열 셀 병합
   - 표 전체에 [보기 슬라이드]와 같이 내용을 입력하고, 글꼴은 바탕체, 글꼴 크기는 22pt로 지정
   - 아래의 조건대로 셀 맞춤 지정
   표 전체 : [표 도구]–[레이아웃] 메뉴 [맞춤] 그룹의 세로 가운데 맞춤
   1행 : [표 도구]–[레이아웃] 메뉴 [맞춤] 그룹의 가운데 맞춤
   1열 : [표 도구]–[레이아웃] 메뉴 [맞춤] 그룹의 가운데 맞춤
   - 1행의 채우기는 질감의 '자주 편물'로 지정
   - 표 전체의 안쪽 세로 테두리는 파선, 안쪽 가로 테두리와 바깥쪽 테두리는 실선으로 지정
   - 표 전체 바깥쪽 테두리는 4.5pt 실선으로 지정

【보기 – 슬라이드 4】

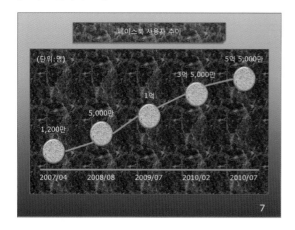

## 4. 슬라이드 4 : 배점 1)번(5), 2)번(54), 3)번(10)

1) 새 슬라이드를 '빈 화면' 슬라이드로 추가하시오.
2) 그리기 도구모음을 이용하여 아래 조건에 맞게 [보기 슬라이드]와 같이 작성하시오.
   - 모서리가 접힌 도형을 1개 그리고, 면의 질감은 녹색 대리석으로 지정하고, 그림자는 '바깥쪽, 오프셋 아래쪽'을 적용, '페이스북 사용자 추이'를 입력
   - 직사각형 도형을 1개 그리고, 면의 질감은 밤색 대리석으로 지정
   - 타원 도형을 5개 그리고, 면의 질감은 돗자리로 지정하고, 3차원 서식으로 입체효과의 위쪽 '둥글게'를 적용
   - 선의 종류가 실선이고, 너비가 4.5pt인 선 5개 그리기
   - 가로 텍스트 상자를 11개 그리고, '(단위:명)', '1,200만', '5,000만', '1억', '3억 5,000만', '5억 5,000만', '2007/04', '2008/08', '2009/07', '2010/02', '2010/07'을 각각 입력
   - 작성된 모든 도형은 [보기 슬라이드]와 같이 배열하고, 그룹으로 지정하고, 크기는 너비 23cm, 높이 16cm로 지정
3) 슬라이드의 배경에서 배경 그래픽 숨기기를 지정하고 그라데이션 채우기의 기본 설정 색은 '마호가니'로 지정하시오.

【보기 – 슬라이드 5】

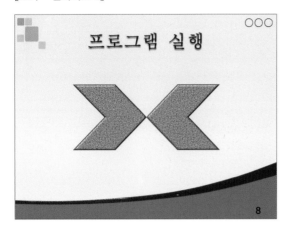

5. 슬라이드 5 : 배점 1)번(5), 2)번(3), 3)번(16), 4)번(3)

1) 새 슬라이드를 '제목만' 슬라이드로 추가하시오.
2) 제목은 '프로그램 실행'으로 입력하시오.
   - 글꼴은 바탕체, 글꼴 크기는 49pt로 지정
3) 도형을 작성하여 실행 설정을 지정하시오.
   - 그리기 도구 모음의 '갈매기형 수장' 도형을 그리고, 면의 질감은 모래로 지정하고, 너비 7cm, 높이 6cm로 작성
   - 작성된 '갈매기형 수장' 도형은 3차원 서식으로 입체 효과의 위쪽 '둥글게'와 깊이 65pt를 지정
   - 슬라이드 쇼 실행 시, 마우스를 '갈매기형 수장' 도형 위에 놓았을 때 메모장 프로그램(NOTEPAD.EXE)이 실행되도록 실행 설정을 지정
   - 실행 설정이 지정된 '갈매기형 수장' 도형을 복사하여 좌우 대칭 지정
   - 작성된 두 개의 '갈매기형 수장' 도형을 그룹으로 지정
4) 슬라이드 5를 숨기기로 지정하시오.

## ※ 슬라이드 쇼 관련 기능 지정하기

배점 1번(8), 2번(10), 3번(9)

1. 아래 조건에 맞는 화면 전환을 지정하시오.
   - 화면 전환 효과는 '당기기'
   - 효과 옵션은 '위에서'로 지정
   - 40초마다 자동으로만 전환되도록 지정
   - 모든 슬라이드에 지정

2. 아래 조건에 맞는 애니메이션을 지정하시오.
   1) 슬라이드 2번
      - 그림을 제외한 제목, 텍스트에 지정
      - 반드시 지정한 영역은 애니메이션을 이용하여 '나타내기'에 있는 '닦아내기'로 지정
      - 효과 옵션은 '왼쪽에서'로 지정(단, 효과 중복 지정 시 감점처리)
      - 애니메이션 순서는 텍스트, 제목 순으로 지정
   2) 슬라이드 4번
      - 그룹으로 지정된 도형 전체에 지정
      - 반드시 지정한 영역은 애니메이션을 이용하여 '나타내기'에 있는 '밝기 변화'로 지정(단, 효과 중복 지정 시 감점처리)

3. 쇼 재구성 기능을 이용하여 아래 조건에 맞게 슬라이드 쇼 재구성을 2개 작성하시오.
   - 첫 번째 재구성되는 슬라이드 쇼 이름은 '프로그램 실행1'로 지정하고, 재구성 목록에 슬라이드 1번과 슬라이드 2번을 지정
   - 두 번째 재구성되는 슬라이드 쇼 이름은 '프로그램 실행 2'로 지정하고, 재구성 목록에 슬라이드 1번과 슬라이드 3번, 슬라이드 5번을 지정

# ※ 슬라이드 노트와 유인물 편집하기

배점 1번(15), 2번(15)

【보기 – 슬라이드 노트】

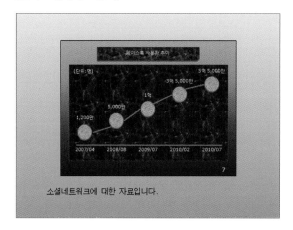

1. [보기] 메뉴의 [슬라이드 노트]를 이용하여 아래와 같은 조건으로 작성하시오.
   1) 슬라이드 4 노트
      - 입력 내용 : 소셜네트워크에 대한 자료입니다.
      - 글꼴은 돋움체, 글꼴 크기는 15pt로 지정
      - 슬라이드 노트 배경에서 그라데이션 채우기의 기본 설정 색은 '이끼'로 지정

【보기 – 유인물 마스터】

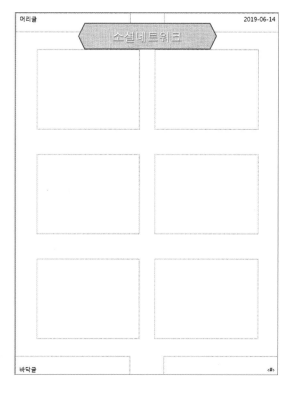

2. [보기] 메뉴의 [유인물 마스터]를 이용하여 아래와 같은 조건으로 작성하시오.
   1) 유인물의 제목을 그리기 도구모음으로 작성하시오.
      - '육각형' 도형을 유인물의 상단에 그리고, 도형의 질감은 캔버스로 지정하고, '소셜네트워크'를 입력
      - '육각형' 도형 크기는 너비 10cm, 높이 1.8cm로 지정
      - 글꼴은 돋움체, 글꼴 크기는 24pt, 글꼴 효과는 텍스트 그림자로 지정

## ※ 답안 작성 시 주의사항

- 답안문서 파일명은 응시자의 이름으로 저장하십시오.
- 파워포인트의 기능들을 이용하여 [처리사항]대로 답안문서를 작성하십시오 ([보기 슬라이드]를 참고하시오).
- 반드시 주어진 이미지 자료를 이용하여 답안문서를 작성하십시오 (주어진 이미지 자료 외 다른 자료 이용 시 감점 처리됩니다).
- 워드아트, 표 등을 처리사항에서 지시한 개수 이상 여러 개 작성한 경우 감점 처리됩니다.
- 문제에서 지시한 슬라이드의 순서가 바뀌는 경우 감점요인이 됩니다.
- 서로 다른 처리사항을 같은 위치에 작성한 경우 감점요인이 됩니다 (예) 슬라이드 2의 텍스트 부분에 제목과 텍스트 내용까지 입력한 경우 등).
- 워드아트 또는 텍스트 상자 등을 처리사항에서 지시한 개수 이상 여러 개 작성한 경우 감점요인이 됩니다.
- 문제에서 지시하지 않은 사항은 프로그램의 기본 설정 값으로 지정하십시오.
- 문제에서 별도의 지시사항이 없는 경우, 글자 입력은 텍스트 상자를 원칙으로 합니다.

## ※ 제공 이미지

- 주어진 이미지 자료를 이용하여 답안문서를 작성하시오.
  (첨부파일보기 클릭 시 이미지 자료 페이지 열림)

| 【보기】 | 【처리사항】 |
|---|---|

## ※ 디자인 서식 지정과 마스터 편집하기

배점 1번(5), 2번(11), 3번(14)

1. 전체 슬라이드의 디자인 테마는 모든 슬라이드에 '광장'을 적용하시오.

2. 마스터 기능을 이용하여 슬라이드 **상단 오른쪽**에 'ㅇㅇㅇ'을 입력하시오.
   1) 광장 슬라이드 마스터에 작성
   2) 텍스트 상자를 이용하여 'ㅇㅇㅇ'에는 응시자 본인의 이름을 입력
   3) 글꼴은 궁서체, 글꼴 크기는 25pt로 지정

3. 슬라이드 번호를 삽입하시오.
   1) 머리글/바닥글 기능을 이용하여 슬라이드 삽입 시 자동으로 추가 되게 지정
   2) 제목 슬라이드를 제외한 모든 슬라이드의 **하단 오른쪽**에 작성
   3) 글꼴 크기는 23pt로 지정
   4) 슬라이드 시작 번호는 0으로 지정

## ※ 슬라이드 작성하기

【보기 – 슬라이드 1】

**1. 슬라이드 1 : 배점 1)번(5), 2)번(15), 3)번(7)**

1) 슬라이드는 '제목 슬라이드' 슬라이드로 지정하시오.
2) 워드아트를 이용하여 제목은 '자연재해'로 [보기 슬라이드]와 같이 작성하시오.
   - WordArt는 '채우기-연한 옥색, 텍스트 2, 윤곽선-배경 2'로 지정
   - 글꼴은 돋움체, 글꼴 크기는 72pt로 지정
   - 워드아트의 크기는 너비 11cm, 높이 3.5cm로 지정
3) [보기 슬라이드]와 같이 부제목에 '하이퍼링크'를 입력하고, e-Test 홈페이지를 하이퍼링크로 지정하시오.
   (e-Test 홈페이지 : http://www.e-test.co.kr)
   - 글꼴은 궁서체, 글꼴 크기는 35pt로 지정

【보기 – 슬라이드 2】

**2. 슬라이드 2 : 배점 1)번(5), 2)번(3), 3)번(10), 4)번(1), 5)번(3), 6)번(30)**

1) 새 슬라이드를 '콘텐츠 2개' 슬라이드로 추가하시오.
2) 제목은 '지구촌 이상기후 피해'로 입력하시오.
   - 글꼴은 돋움체, 글꼴 크기는 45p로 지정
3) [보기 슬라이드]와 같이 내용을 첫째 수준과 둘째 수준으로 입력하시오.

> 러시아
>     폭염 가뭄 산불로 국가비상사태 선포
> 파키스탄
>     80년 만의 대홍수로 1500명 사망
> 남아메리카
>     영하 20도 이하 혹한으로 200여명 사망
> 유럽
>     유럽전역 폭염피해

   - 글꼴은 바탕체, 글꼴 효과는 밑줄, 글꼴 크기는 **첫째 수준은 26pt, 둘째 수준은 22pt**
4) 입력한 내용의 줄 간격은 고정 28pt로 지정하시오.
5) 글머리 기호 및 번호 매기기를 이용하여 입력한 내용의 첫째 수준 글머리 기호를 [보기 슬라이드]와 같이 작성하시오.
   - 글머리 기호의 모양은 ☺, 크기는 90%로 지정
6) [삽입] 메뉴의 [그림]을 이용하여 주어진 '파워제공이미지'를 [보기 슬라이드]와 같이 문자열의 **왼쪽**에 삽입하시오.
   - 그림의 크기는 너비 10cm, 높이 6cm로 지정

**【보기 – 슬라이드 3】**

| 종류 | 년도 | 국가 | 사망 및 실종자수 |
|------|------|------|------------------|
| 지진 | 1998년 | 터키 | 15,400명 |
| | 2001년 | 인도 | 16,927명 |
| | 2003년 | 이란 | 40,000명 |
| 홍수 | 2002년 | 중국 | 831명 |
| | | 러시아 | 300명 |
| | 2003년 | 스리랑카 | 800명 |

종류별 자연재해

**3. 슬라이드 3 : 배점 1)번(5), 2)번(3), 3)번(30)**

1) 새 슬라이드를 '제목 및 내용' 슬라이드로 추가하시오.
2) 제목은 '종류별 자연재해'로 입력하시오.
   – 글꼴은 궁서체, 글꼴 크기는 45pt로 지정
3) 7행 4열의 표를 작성하고, 아래의 조건대로 작성하시오.
   (반드시 표 형식이 유지되어야 함)
   – 아래 지정된 셀을 각각 셀 병합 지정
   2행 1열 ~ 4행 1열 셀 병합
   5행 1열 ~ 7행 1열 셀 병합
   5행 2열 ~ 6행 2열 셀 병합
   – 표 전체에 [보기 슬라이드]와 같이 내용을 입력하고, 글꼴은 바탕체, 글꼴 크기는 27pt로 지정
   – 아래의 조건대로 셀 맞춤 지정
   표 전체 : [표 도구] – [레이아웃] 메뉴 [맞춤] 그룹의 세로 가운데 맞춤
   1행 : [표 도구] – [레이아웃] 메뉴 [맞춤] 그룹의 가운데 맞춤
   1열 : [표 도구] – [레이아웃] 메뉴 [맞춤] 그룹의 가운데 맞춤
   3열 : [표 도구] – [레이아웃] 메뉴 [맞춤] 그룹의 가운데 맞춤
   – 1행의 채우기는 질감의 '밤색 대리석'으로 지정
   – 표 전체의 안쪽 가로 테두리는 파선, 안쪽 세로 테두리와 바깥쪽 테두리는 실선으로 지정
   – 표 전체 바깥쪽 테두리는 4.5pt 실선으로 지정

**【보기 – 슬라이드 4】**

20년간 9월 재해 피해 현황

태풍 호우 폭풍

발생횟수 11회 14회 1회

인명피해 243명 205명 2명

재산피해 5조273억 6,157억 278억

**4. 슬라이드 4 : 배점 1)번(5), 2)번(54), 3)번(10)**

1) 새 슬라이드를 '빈 화면' 슬라이드로 추가하시오.
2) 그리기 도구모음을 이용하여 아래 조건에 맞게 [보기 슬라이드]와 같이 작성하시오.
   – 빗면 도형을 1개 그리고, 면의 질감은 일반 목재로 지정하고, 그림자는 '바깥쪽, 오프셋 아래쪽'으로 적용, '20년간 9월 재해 피해 현황'을 입력
   – 직사각형 도형을 3개 그리고, 면의 질감은 밤색 대리석으로 지정
   – 육각형 도형을 6개 그리고, 면의 질감은 녹색 대리석으로 지정하고, 3차원 서식으로 입체효과의 위쪽 '둥글게'를 적용, '태풍', '호우', '폭풍', '발생횟수', '인명피해', '재산피해'를 입력
   – 타원 도형을 9개 그리고, 면의 질감은 자주 편물로 지정하고, '11회', '14회', '1회', '243명', '205명', '2명', '5조273억', '6,157억', '278억'을 각각 입력
   – 작성된 모든 도형은 [보기 슬라이드]와 같이 배열하고, 그룹으로 지정하고, 크기는 너비 23cm, 높이 16cm로 지정
3) 슬라이드의 배경 서식에서 배경 그래픽 숨기기를 지정하고 그라데이션 채우기의 기본 설정 색은 '광택'으로 지정하시오.

**【보기 - 슬라이드 5】**

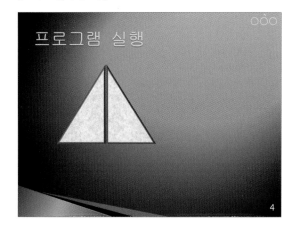

5. 슬라이드 5 : 배점 1)번(5), 2)번(3), 3)번(16), 4)번(3)

1) 새 슬라이드를 '제목만' 슬라이드로 추가하시오.
2) 제목은 '프로그램 실행'으로 입력하시오.
 – 글꼴은 굴림체, 글꼴 크기는 47pt로 지정
3) 도형을 작성하여 실행 설정을 지정하시오.
 – 그리기 도구 모음의 '직각 삼각형' 도형을 그리고, 면의 질감은 꽃다발로 지정하고, 너비 4.5cm, 높이 7cm로 작성
 – 작성된 '직각 삼각형' 도형은 3차원 서식으로 입체효과의 위쪽 '둥글게'와 깊이 77pt를 지정
 – 슬라이드 쇼 실행 시, 마우스를 '직각 삼각형' 도형 위에 놓았을 때 메모장 프로그램(NOTEPAD.EXE)이 실행되도록 실행 설정을 지정
 – 실행 설정이 지정된 '직각 삼각형' 도형을 복사하여 좌우 대칭 지정
 – 작성된 두 개의 '직각 삼각형' 도형을 그룹으로 지정
4) 슬라이드 5를 숨기기로 지정하시오.

## ※ 슬라이드 쇼 관련 기능 지정하기

배점 1번(8), 2번(10), 3번(9)

1. 아래 조건에 맞는 화면 전환을 지정하시오.
 – 화면 전환 효과는 '밀어내기'
 – 효과 옵션은 '위에서'로 지정
 – 45초마다 자동으로만 전환되도록 지정
 – 모든 슬라이드에 지정

2. 아래 조건에 맞는 애니메이션을 지정하시오.
 1) 슬라이드 2번
 – 그림을 제외한 제목, 텍스트에 지정
 – 반드시 지정한 영역은 애니메이션을 이용하여 '나타내기'에 있는 '날아오기'로 지정
 – 효과 옵션은 '오른쪽에서'로 지정(단, 효과 중복 지정 시 감점 처리)
 – 애니메이션 순서는 텍스트, 제목 순으로 지정
 2) 슬라이드 4번
 – 그룹으로 지정된 도형 전체에 지정
 – 반드시 지정한 영역은 애니메이션을 이용하여 '나타내기'에 있는 '휘돌아 나타내기'로 지정(단, 효과 중복 지정 시 감점처리)

3. 쇼 재구성 기능을 이용하여 아래 조건에 맞게 슬라이드 쇼 재구성을 2개 작성하시오.
 – 첫 번째 재구성되는 슬라이드 쇼 이름은 '프로그램 실행1'로 지정하고, 재구성 목록에 슬라이드 2번과 슬라이드 4번을 지정
 – 두 번째 재구성되는 슬라이드 쇼 이름은 '프로그램 실행2'로 지정하고, 재구성 목록에 슬라이드 1번과 슬라이드 3번, 슬라이드 4번을 지정

# ※ 슬라이드 노트와 유인물 편집하기

배점 1번(15), 2번(15)

【보기 – 슬라이드 노트】

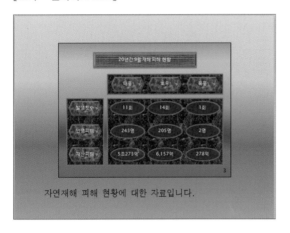

1. [보기] 메뉴의 [슬라이드 노트]를 이용하여 아래와 같은 조건으로 작성하시오.

1) 슬라이드 4 노트
   - 입력 내용 : 자연재해 피해 현황에 대한 자료입니다.
   - 글꼴은 바탕체, 글꼴 크기는 17pt로 지정
   - 슬라이드 노트 배경에서 그라데이션 채우기의 기본 설정 색은 '잔잔한 물'로 지정

【보기 – 유인물 마스터】

2. [보기] 메뉴의 [유인물 마스터]를 이용하여 아래와 같은 조건으로 작성하시오.

1) 유인물의 제목을 그리기 도구모음으로 작성하시오.
   - '팔각형' 도형을 유인물의 상단에 그리고, 도형의 질감은 자주 편물로 지정하고, '자연재해'를 입력
   - '팔각형' 도형 크기는 너비 10cm, 높이 2cm로 지정
   - 글꼴은 궁서체, 글꼴 크기는 22pt, 글꼴효과는 텍스트 그림자로 지정

# 제10회 최신기출문제

## ※ 답안 작성 시 주의사항

- 답안문서 파일명은 응시자의 이름으로 저장하십시오.
- 파워포인트의 기능들을 이용하여 [처리사항]대로 답안문서를 작성하십시오 ([보기 슬라이드]를 참고하시오).
- 반드시 주어진 이미지 자료를 이용하여 답안문서를 작성하십시오 (주어진 이미지 자료 외 다른 자료 이용 시 감점 처리됩니다).
- 워드아트, 표 등을 처리사항에서 지시한 개수 이상 여러 개 작성한 경우 감점 처리됩니다.
- 문제에서 지시한 슬라이드의 순서가 바뀌는 경우 감점요인이 됩니다.
- 서로 다른 처리사항을 같은 위치에 작성한 경우 감점요인이 됩니다 (예) 슬라이드 2의 텍스트 부분에 제목과 텍스트 내용까지 입력한 경우 등).
- 워드아트 또는 텍스트 상자 등을 처리사항에서 지시한 개수 이상 여러 개 작성한 경우 감점요인이 됩니다.
- 문제에서 지시하지 않은 사항은 프로그램의 기본 설정 값으로 지정하십시오.
- 문제에서 별도의 지시사항이 없는 경우, 글자 입력은 텍스트 상자를 원칙으로 합니다.

## ※ 제공 이미지

- 주어진 이미지 자료를 이용하여 답안문서를 작성하시오.
  (첨부파일보기 클릭 시 이미지 자료 페이지 열림)

---

| 【보기】 | 【처리사항】 |
| --- | --- |

## ※ 디자인 서식 지정과 마스터 편집하기

배점 1번(5), 2번(11), 3번(14)

1. 전체 슬라이드의 디자인 테마는 모든 슬라이드에 '균형'을 적용하시오.

2. 마스터 기능을 이용하여 슬라이드 **상단 오른쪽**에 'OOO'을 입력하시오.
   1) 균형 슬라이드 마스터에 작성
   2) 텍스트 상자를 이용하여 'OOO'에는 응시자 본인의 이름을 입력
   3) 글꼴은 궁서체, 글꼴 크기는 25pt로 지정

3. 슬라이드 번호를 삽입하시오.
   1) 머리글/바닥글 기능을 이용하여 슬라이드 삽입 시 자동으로 추가 되게 지정
   2) 모든 슬라이드의 **하단 왼쪽**에 작성
   3) 글꼴 크기는 23pt로 지정
   4) 슬라이드 시작 번호는 2로 지정

## ※ 슬라이드 작성하기

**【보기 – 슬라이드 1】**

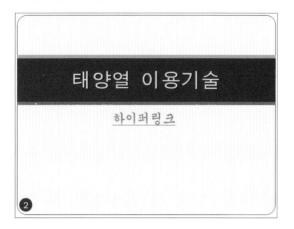

**1. 슬라이드 1 :** 배점 1)번(5), 2)번(15), 3)번(7)

1) 슬라이드는 '제목 슬라이드' 슬라이드로 지정하시오.
2) 워드아트를 이용하여 제목은 '태양열 이용기술'로 [보기 슬라이드]와 같이 작성하시오.
   - WordArt는 '채우기–황갈색, 텍스트 2, 윤곽선–배경 2'로 지정
   - 글꼴은 돋움체, 글꼴 크기는 55pt로 지정
   - 워드아트의 크기는 너비 17cm, 높이 3.5cm로 지정
3) [보기 슬라이드]와 같이 부제목에 '하이퍼링크'를 입력하고, e–Test 홈페이지를 하이퍼링크로 지정하시오.
   (e–Test 홈페이지 : http://www.e–test.co.kr)
   - 글꼴은 궁서체, 글꼴 크기는 35pt로 지정

**【보기 – 슬라이드 2】**

**2. 슬라이드 2 :** 배점 1)번(5), 2)번(3), 3)번(10), 4)번(1), 5)번(3), 6)번(30)

1) 새 슬라이드를 '콘텐츠 2개' 슬라이드로 추가하시오.
2) 제목은 '이용기술과 시스템 구성'으로 입력하시오.
   - 글꼴은 돋움체, 글꼴 크기는 44pt로 지정
3) [보기 슬라이드]와 같이 내용을 첫째 수준과 둘째 수준으로 입력하시오.

|  |
|---|
| 이용기술 |
|     태양열 집열기술 |
|     축열기술 |
|     시스템 제어기술 |
|     시스템 설계기술 |
| 시스템 구성 |
|     집열부 |
|     축열부 |
|     이용부 |
|     제어장치 |

   - 글꼴은 바탕체, 글꼴 효과는 밑줄, 글꼴 크기는 **첫째 수준은 25pt, 둘째 수준은 22pt**
4) 입력한 내용의 줄 간격은 배수 1.1pt로 지정하시오.
5) 글머리 기호 및 번호 매기기를 이용하여 입력한 내용의 첫째 수준 글머리 기호를 [보기 슬라이드]와 같이 작성하시오.
   - 글머리 기호의 모양은 📁, 크기는 85%로 지정
6) [삽입] 메뉴의 [그림]을 이용하여 주어진 '파워제공이미지'를 [보기 슬라이드]와 같이 문자열의 **왼쪽**에 삽입하시오.
   - 그림의 크기는 너비 10cm, 높이 7cm로 지정

【보기 – 슬라이드 3】

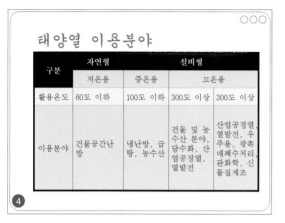

## 3. 슬라이드 3 : 배점 1)번(5), 2)번(3), 3)번(30)

1) 새 슬라이드를 '제목 및 내용' 슬라이드로 추가하시오.
2) 제목은 '태양열 이용분야'로 입력하시오.
   - 글꼴은 궁서체, 글꼴 크기는 42pt로 지정
3) 4행 5열의 표를 작성하고, 아래의 조건대로 작성하시오.
   (반드시 표 형식이 유지되어야 함)
   - 아래 지정된 셀을 각각 셀 병합 지정
   1행 1열 ~ 2행 1열 셀 병합
   1행 3열 ~ 1행 5열 셀 병합
   2행 4열 ~ 2행 5열 셀 병합
   - 표 전체에 [보기 슬라이드]와 같이 내용을 입력하고, 글꼴은 바탕체, 글꼴 크기는 21pt로 지정
   - 아래의 조건대로 셀 맞춤 지정
   표 전체 : [표 도구] – [레이아웃] 메뉴 [맞춤] 그룹의 세로 가운데 맞춤
   1행 : [표 도구] –[레이아웃] 메뉴 [맞춤] 그룹의 가운데 맞춤
   2행 : [표 도구] –[레이아웃] 메뉴 [맞춤] 그룹의 가운데 맞춤
   1열 : [표 도구] –[레이아웃] 메뉴 [맞춤] 그룹의 가운데 맞춤
   - 1행의 채우기는 질감의 '자주 편물'로 지정
   - 표 전체의 안쪽 가로 테두리는 점선, 안쪽 세로 테두리와 바깥쪽 테두리는 실선으로 지정
   - 표 전체 바깥쪽 테두리는 4.5pt 실선으로 지정

【보기 – 슬라이드 4】

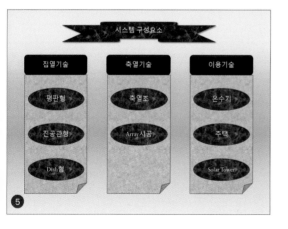

## 4. 슬라이드 4 : 배점 1)번(5), 2)번(54), 3)번(10)

1) 새 슬라이드를 '빈 화면' 슬라이드로 추가하시오.
2) 그리기 도구모음을 이용하여 아래 조건에 맞게 [보기 슬라이드]와 같이 작성하시오.
   - 위쪽 리본 도형을 1개 그리고, 면의 질감은 밤색 대리석으로 지정하고, 그림자는 '바깥쪽, 오프셋 대각선 오른쪽 아래'를 적용, '시스템 구성요소'를 입력
   - 모서리가 둥근 직사각형 도형을 3개 그리고, 면의 질감은 자주 편물로 지정하고, 3차원 서식으로 입체효과의 위쪽 '둥글게'를 적용, '집열기술', '축열기술', '이용기술'을 입력
   - 모서리가 접힌 도형을 3개 그리고, 면의 질감은 분홍 박엽지로 지정
   - 타원 도형을 8개 그리고, 면의 질감은 녹색 대리석으로 지정, '**평판형**', '**진공관형**', 'Dish형', '축열조', 'Array시공', '온수기', '**주택**', 'Solar Tower'를 입력
   - 작성된 모든 도형은 [보기 슬라이드]와 같이 배열하고, 그룹으로 지정하고, 크기는 너비 22cm, 높이 16cm로 지정
3) 슬라이드의 배경 서식에서 배경 그래픽 숨기기를 지정하고 그라데이션 채우기의 기본 설정 색은 '밀'로 지정하시오.

【보기 – 슬라이드 5】

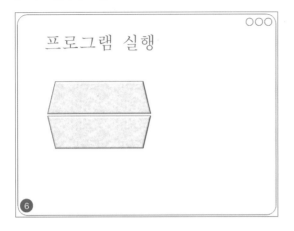

5. 슬라이드 5 : 배점 1)번(5), 2)번(3), 3)번(16), 4)번(3)

1) 새 슬라이드를 '제목만' 슬라이드로 추가하시오.
2) 제목은 '프로그램 실행'으로 입력하시오.
   – 글꼴은 바탕체, 글꼴 크기는 47pt로 지정
3) 도형을 작성하여 실행 설정을 지정하시오.
   – 그리기 도구 모음의 '사다리꼴' 도형을 그리고, 면의 질감은 꽃 다발로 지정하고, 너비 10cm, 높이 3cm로 작성
   – 작성된 '사다리꼴' 도형은 3차원 서식으로 입체 효과의 위쪽 '둥글게'와 깊이 65pt를 지정
   – 슬라이드 쇼 실행 시, 마우스를 '사다리꼴' 도형 위에 놓았을 때 메모장 프로그램(NOTEPAD.EXE)이 실행되도록 실행 설정을 지정
   – 실행 설정이 지정된 '사다리꼴' 도형을 복사하여 상하 대칭 지정
   – 작성된 두 개의 '사다리꼴' 도형을 그룹으로 지정
4) 슬라이드 5를 숨기기로 지정하시오.

## ※ 슬라이드 쇼 관련 기능 지정하기

배점 1번(8), 2번(10), 3번(9)

1. 아래 조건에 맞는 화면전환을 지정하시오.
   – 화면 전환 효과는 '닦아내기'
   – 효과 옵션은 '오른쪽 위에서'로 지정
   – 55초마다 자동으로만 전환되도록 지정
   – 모든 슬라이드에 지정

2. 아래 조건에 맞는 애니메이션을 지정하시오.
   1) 슬라이드 2번
      – 그림을 제외한 제목, 텍스트에 지정
      – 반드시 지정한 영역은 애니메이션을 이용하여 '나타내기'에 있는 '실선무늬'로 지정
      – 효과 옵션은 '세로'로 지정(단, 효과 중복 지정 시 감점처리)
      – 애니메이션 순서는 제목, 텍스트 순으로 지정
   2) 슬라이드 4번
      – 그룹으로 지정된 도형 전체에 지정
      – 반드시 지정한 영역은 애니메이션을 이용하여 '나타내기'에 있는 '바운드'로 지정(단, 효과 중복 지정 시 감점처리)

3. 쇼 재구성 기능을 이용하여 아래 조건에 맞게 슬라이드 쇼 재구성을 2개 작성하시오.
   – 첫 번째 재구성되는 슬라이드 쇼 이름은 '프로그램 실행1'로 지정하고, 재구성 목록에 슬라이드 1번과 슬라이드 3번을 지정
   – 두 번째 재구성되는 슬라이드 쇼 이름은 '프로그램 실행2'로 지정하고, 재구성 목록에 슬라이드 2번과 슬라이드 4번, 슬라이드 5번을 지정

# ※슬라이드 노트와 유인물 편집하기

배점 1번(15), 2번(15)

【보기 – 슬라이드 노트】

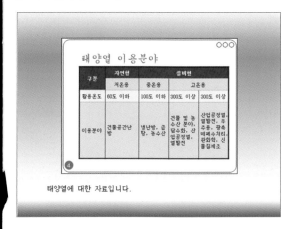

1. [보기] 메뉴의 [슬라이드 노트]를 이용하여 아래와 같은 조건으로 작성하시오.
   1) 슬라이드 3 노트
      - 입력 내용 : 태양열에 대한 자료입니다.
      - 글꼴은 바탕체, 글꼴 크기는 14pt로 지정
      - 슬라이드 노트 배경에서 그라데이션 채우기의 기본 설정 색은 '가로'로 지정

【보기 – 유인물 마스터】

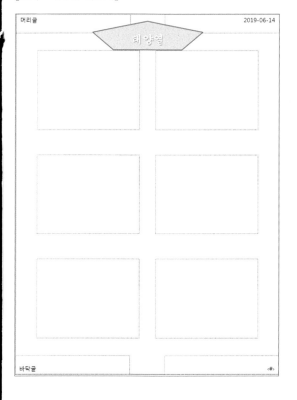

2. [보기] 메뉴의 [유인물 마스터]를 이용하여 아래와 같은 조건으로 작성하시오.
   1) 유인물의 제목을 그리기 도구모음으로 작성하시오.
      - '정오각형' 도형을 유인물의 상단에 그리고, 도형의 질감은 재생지로 지정하고, '태양열'을 입력
      - '정오각형' 도형 크기는 너비 8cm, 높이 2cm로 지정
      - 글꼴은 궁서체, 글꼴 크기는 22pt, 글꼴효과는 텍스트 그림자로 지정